프레이즈

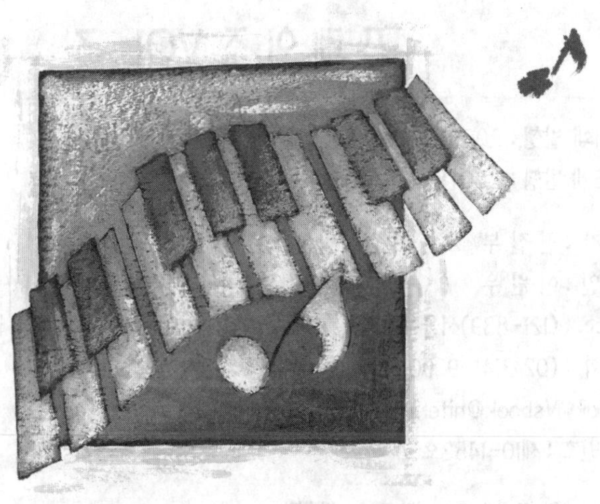

비전북출판사

프레이즈 VOL. 3

1판 1쇄 발행 : 2000년 1월 15일
1판 5쇄 발행 : 2001년 8월 15일

편 자 : 편집부 / 악보정사 : 박 아 영
발행인 : 이 원 우 / 발행처 : **비전북출판사**
주 소 : (121-839)서울시 마포구 서교동 388-1 대강 B/D 201호
전 화 : (02)3141-9090(대) / 팩 스 : (02)3144-6620
E-mail : Vsbook@hitel.net
등록번호 : 제10-1452호

공급인 : 박 종 태 / 공급처 : **비전북**
전 화 : (031)907-3927 / 팩 스 : (080)403-1004

Copyright ⓒ 2000 **비전북출판사**
값 4,000원
ISBN 89-87613-70-4   03230   Printed in Korea

# 프레이즈 VOL 3.을 내면서 …

깰지어다 깰지어다 드보라여 깰지어다 깰지어다 너는 노래할지어다 일어날지어다
바락이여 아비노암의 아들이여 네 사로잡은 자를 끌고 갈지어다 (사사기 5 : 12)

젊은 크리스천들도 마치 자신이 바벨론의 포로인 것처럼
인생을 낙심과 자포자기로 보내며 좌절과 절망에 빠져서 살곤 합니다.
그들은 어려운 환경을 탓하며 즐겁게 찬양하지 않습니다.
그러나 우리는 바벨론의 포로가 아닙니다.
여호와 하나님께서는 우리를 포로의 상태에서 해방시키셨고 속박에서 우리를 이끌어 내셨습니다.
모세는 이스라엘 백성들에게 요단강을 건너게 할 수는 없었습니다.
여호수아만이 그들을 약속의 땅으로 인도할 수 있었던 것입니다.
마찬가지로 오직 우리의 여호수아 되신
예수님께서만이 21세기 새로운 천년에도 우리를 약속의 땅으로 인도하십니다.
21세기는 우리의 것입니다. 왜냐하면 하나님께서 우리에게 약속하셨기 때문입니다.
이제 깨어서 찬양하십시오!
하나님의 사랑을 큰소리로 찬양하며 모든 악기를 깨우십시오!
그리고 세계를 향한 비전을 품고
"우리는 주님을 섬기리라!(We will serve the Lord!)"고백하십시오!
그러면 우주의 예배에서 우리는 하나님의 형상을 입고 자연과 만물을 지휘하게 될 것입니다.
오늘! 기쁨으로 하나님을 섬기며 노래하면서 그 앞에 나아가십시오!
우주만물의 주인 되시는 하나님께서 영원히 함께 하실 것입니다. 임마누엘!

온 땅이여 여호와께 즐거이 부를지어다 기쁨으로 여호와를 섬
기며 노래하면서 그 앞에 나아갈지어다 여호와가 우리 하나님
이신 줄 너희는 알지어다 그는 우리를 지으신 자시요 우리는
그의 것이니 그의 백성이요 그의 기르시는 양이로다 감사함으
로 그 문에 들어가며 찬송함으로 그 궁정에 들어가서 그에게
감사하며 그 이름을 송축할지어다 대저 여호와는 선하시니 그
인자하심이 영원하고 그 성실하심이 대대에 미치리로다

(시편 100 : 1-5)

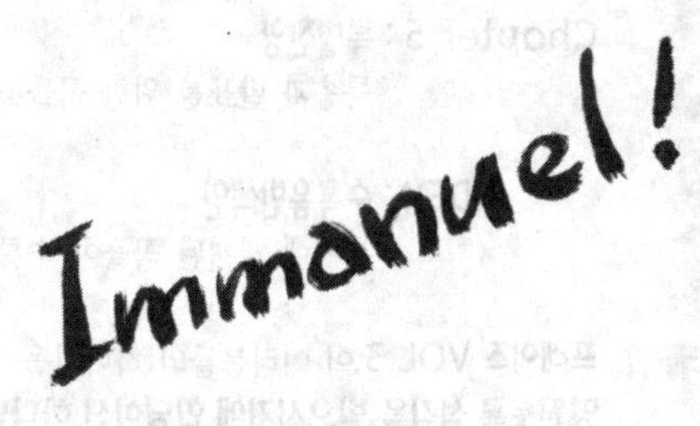

새벽 이슬같은 주의 청년들이 주님앞에 나오는도다 ♪

주님의 이름으로 축복하여 주소서 주의 빛을 발하게 하소서 ♬

편집하면서

프레이즈 VOL 3.은 청년들과 청소년들을 위해 그 대상에 맞게 엄선한 찬양곡들의 모음입니다.
새로운 편집에 의한 차례와 구성을 살펴보겠습니다.

Chapter 1 : BEST SONG

많이 드려질 수 있는 찬양을 따로 분류함으로써 찬양 예배시 곡 선정에 도움이 되도록 했습니다.

Chapter 2 : 새노래

새노래를 따로 분류함으로써 배움과 나눔에 있어서 효율성을 기했습니다.
그리고 각각의 새노래는 진행되는 차례와 주제에 맞게끔 재분류를 하였습니다.

Chapter 3 : 경배와 찬양

예배의 중심이 되는 찬양으로서 주제별로 구분하였습니다. 구분은 **경배와 찬양, 간구, 감사,
헌신과 의탁, 기쁨, 구원, 치유와 회복, 선교와 전도, 선포와 명령, 영적전쟁과 승리** 등으로
되어 있어 예배 성격과 흐름에 맞는 곡 선정에 도움이 되도록 하였습니다.

Chapter 4 : 축복과 평안

교제와 축복 그리고 평안과 화합을 위한 찬양을 따로 분류하여 회중들 간의 교제에
도움이 되도록 하였습니다.

Chapter 5 : 특별찬양

특송과 발표를 위한 곡들을 선정하여 분류하였습니다.

INDEX : 수록음반색인

본서에 게재된 곡들이 수록된 음반명을 기록하여 쉽게 곡을 배울 수 있도록 하였습니다.

프레이즈 VOL 3.이 여러분들의 하나님을 향한 섬김에 도움이 된다면 실로 큰 감사가 아닐 수 없습니다.
영원토록 섬김을 받으시기에 합당하신 하나님을 찬양합시다!

프레이즈

Contents
&
Index

노래번호순

BEST SONG

1. 오소서 진리의 성령님 (부흥 2000)
2. 세상 흔들리고 (오직 믿음으로)
3. 주안에 우린 하나 (기대)
4. 새벽 이슬 같은
5. 당신은 사랑 받기 위해 태어난 사람
6. 죽임 당하신 어린 양
7. 우리를 죽기까지 (믿음의 가정)
8. 예수 이름이 온 땅에
9. 강하고 담대하라 (강한 용사)
10. 세상 모든 민족이 (물이 바다 덮음 같이)
11. 부어 주소서 주님의 성령
12. 너의 푸른 가슴속에
13. 우리 함께 기도해
14. 우리 오늘 눈물로 (보리라)
15. 사망의 그늘에 앉아 (그날)
16. 하늘 권세 그 능력으로
17. 저 죽어 가는 (메마른 뼈들에 생기를)
18. 우리 보좌 앞에 (비전-국악버전)

새노래

19. 형제가 연합하는 것
20. 지극히 높으신 주님안에
21. 강하고 담대하라 Ⅱ
22. 나의 모습 나의 소유
23. 거절당한 자녀들과
24. 주님과 같이 날 위해
25. 너의 이름을 새롭게 하리라
26. 우리를 위해 찢기셨네
27. 주 내안에 이루시는
28. 주 나의 목자

C CODE

29. 공중에 나는 새를 (마태복음 6장)
30. 광대하신 주님

31. 나의 등을 기대고 (쉼터)
32. 나를 만지시네
33. 그의 생명 (생명)
34. 나 비록 가진 것 없으나
35. 복있는 사람은 (시편 1편)
36. 사랑은 Ⅰ
37. 나의 몸을 드려요
38. 있는 모습 그대로
39. 내가 만약 나비라면
40. 날 돌아보소서
41. 세상의 모든 만물이 (왕의 왕 되신 주)
42. 내가 산 향해
43. 우리 모두 양과 같이
44. 사랑은 Ⅱ
45. 어두운 세상에
46. 예수 나의 가장 큰 이름
47. 은혜로만
48. 임마누엘
49. 전능하신 주께 감사하리
50. 참으로 이상한 (이상한 기쁨)
51. 주님은 나의 사랑
52. 모든 근심을 맡기네
53. 우리 모두 소리 높여
54. 주와 같은 이
55. 천사들이 찬양하며
56. 하나님의 사랑
57. 주님의 영광 여기 임하사
58. 주안에 우린 하나 (기대)

D CODE

59. 오소서 진리의 성령님 (부흥 2000)
60. 가라 너 주의 용사여
61. 나의 영혼이 주를 찬양함은
62. 거룩하신 주
63. 내 삶 주님 안에
64. 내가 주의 신을 떠나 (시편 139편)
65. 내 생에 가장 귀한 것

66. 내가 무엇을 가지고
67. 너 어디 가든지
68. 아 주님 (주께 능치 못할 일없네)
69. 여호와
70. 땡그랑 종소리가 (종소리 울릴 때)
71. 예수 하나님의 공의
72. 보좌 위의 주 어린양
73. 사랑의 주님 닮기 원하네
74. 온 땅이 주의 음성 듣고
75. 선한 목자
76. 여호와 나의 방패 시며
77. 잃어버린 양
78. 예수 귀하신 이름
79. 영원한 사랑으로
80. 예수 사랑해요
81. 정결한 맘 내게 주소서
82. 외치세 기쁨과 승리
83. 존귀하신 여호와 하나님
84. 존귀 어린양 예수
85. 주께서 주신 동산에 (땅끝에서)
86. 주와 죽으면
87. 주 네 맘에
88. 주여 이 땅을 고쳐 주소서
89. 주만 사랑합니다
90. 주여 우릴 보내시려면
91. 주의 이름 회복 하옵소서
92. 주의 이름 안에서 (찬양의 제사 드리며)
93. 주의 생수 내게 넘치소서
94. 주 이름 큰 능력 있도다
95. 예수 이름이 온 땅에

E CODE

96. 놀라우신 주 찬양
97. 가난한 자 부요케 하소서
98. 거룩한 성에 들어가겠네
99. 경배하리 오 어린 양

100. 저 죽어 가는
　　　(메마른 뼈들에 생기를)
101. 우리 함께 기도해
102. 우리를 위해 찢기셨네
103. 우리 우리 주님은
104. 그 사랑 물가로(쉴만한 물가)
105. 은 보다 더 귀하신
106. 나의 사랑하는
　　　(나의 사랑, 나의 어여쁜 자야)
107. 눈을 주시고(나 할 수 있는 것)
108. 나의 사랑(나의 주님)
109. 지루한 하루라 느껴지는
　　　(세상 끝날 까지)
110. 나를 향한 주의 사랑
111. 주께서 창조하신
　　　(세대를 거스리면서)
112. 하나님이여
113. 하늘에 계시는(하나 되게 하소서)
114. 주여 은혜와 긍휼로
115. 주 예수 오셔서
116. 강하고 담대하라 II
117. 주 내 안에 이루시는
118. 주님의 사랑이
119. 천국은 참 놀라운 곳

F CODE

120. 나 주 송축해
121. 세상 흔들리고(오직 믿음으로)
122. 나는 주님을 찬양하리라 II
123. 나의 모습 나의 소유
124. 능력 위에 능력으로
125. 구원의 하나님
126. 주여 임하소서
127. 주 예수 기뻐 찬양해
128. 주님과 같이 날 위해
129. 상심한 내 마음속에서
130. 마음이 상한 자를
131. 이 세상엔 하나님 법칙 있네
132. 이제는 내게
133. 보좌 앞에 무릎 꿇고

134. 아버지여 이끄소서
135. 왕되신 예수께
136. 주님을 찾는 자(광대하신 주님)
137. 주 거룩한 보좌로
138. 예수 어린 양(주 나의 모든 것)
139. 나의 목마름을
140. 보좌 위에 앉으신 주님
141. 주의 얼굴 구하리
142. 주 은혜 날 채우시네
143. 하나님 전에 오르자
144. 흰눈이 내려 쌓이면

G CODE

145. 여호와 나의 하나님
　　　(할렐루 할렐루야)
146. 세상 모든 민족이
　　　(물이 바다 덮음같이)
147. 내 영혼아 잠잠하라
148. 범사에 함께 하시는
149. 경배하리 주 하나님
150. 사랑하고
151. 우리를 죽기까지(믿음의 가정)
152. 메마른 내 영혼
153. 기쁜 크리스마스
154. 죽임 당하신 어린양
155. 서리라
156. 보라 너희는 두려워 말고
157. 내가 할 수 있는 것은
158. 그분은 왕
159. 부어 주소서 주님의 성령
160. 우리가 서로(우리)
161. 십자가에서 죽으신 예수
162. 아름다운 것을
163. 더욱 주님을 알수록
164. 형제가 연합하는 것
165. 아침에 주의 인자하심을
166. 온 땅에 어둠이 덮였으니
167. 오래 전에 베들레헴에
168. 예수 예수 아름다운 주
169. 우리 다 국경 넘고

170. 너의 이름을 새롭게 하리라
171. 아버지여
172. 주 예수 우리 죄 위해
173. 주님의 살과 피
174. 주님이 흘린 눈물은
175. 아버지 이 몸을(드림)
176. 주 나의 하나님
177. 왜 슬퍼하느냐(왜)
178. 우리의 질고를
179. 주께 맡긴 나의 삶
180. 열방 백성들아
181. 주님 기도합니다(회복 I)
182. 주의 나라 이 땅위에
183. 주는 교회의 머리요
184. 주님 날 사랑하시네
185. 형제의 그 눈빛 속에서(그는 사랑)
186. 할렐루야 주 경배 합니다
187. 흐르네 주 보혈(구원의 강)
188. 이 나라 민족의 죄악과
189. 천사들 소리 높여

A CODE

190. 감사합니다
191. 나 가진 재물 없으나(나)
192. 사랑하며 경배합니다
193. 나 주의 것
194. 나 만군의 여호와가(회복 II)
195. 눈을 들어 주 봅니다
196. 바다 같은 주의 사랑
197. 예수는 길이요 부활 생명 되시니
198. 우리 보좌 앞에(비전-국악버전)
199. 놀라우신 그 사랑으로(하나되리)
200. 똑바로 보고 싶어요
201. 마음이 어둡고
202. 모든 민족과 방언들 가운데
203. 나의 반석이신 하나님
204. 사망의 그늘에 앉아(그날)
205. 여호와의 친밀한 사랑은
206. 강하고 담대하라(강한 용사)
207. 온 세상 밝게 비추는

Praise *Immanuel!*

(내게 주신 선물)
208. 저 하늘의 귀한
209. 주 다스리네
210. 왕의 왕 주께
211. 우리 오늘 눈물로(보리라)
212. 주께 가오니
213. 우리의 어두운 눈이
214. 예수의 이름은
215. 할렐루야 살아 계신 주
216. 주를 향한 나의 사랑을
217. 주가 길이 다스리리
218. 하늘의 영광을
219. 온 세상 들으라

MINOR CODE

220. 강하고 담대해
221. 주님은 이스라엘의 능력
222. 그는 천지만물 지으신 주
223. 주가 세우시네
224. 하늘 권세 그 능력으로
225. 광대하시고 능력 많으시며
226. 하늘영광 떠나서
227. 중심을 살피시는 하나님
228. 새노래로 주를 찬양
229. 송축하리라
230. 주를 찬양하는 마음 주셨네
231. 주여 내 맘을
232. 기쁜 노래 주께 드리자
233. 나는 주님을 찬양하리라 Ⅰ
234. 거룩한 성전에 거하시며(국악버전)
235. 십자가를 등에 지고(고난의 길)
236. 여호와 이레
237. 정결한 마음(정결)
238. 주의 영광 위해
239. 즐거이 외치며 앞으로 나가세

240. 주께 경배하리
241. 진실한 내 모습
242. 엘 샤다이(El-Shaddai)
243. 주님은 나의 구원의 반석
244. 입에는 하나님 찬양을
245. 나의 생명 나의 주
246. 주 사모합니다.
247. 알렐루야 아도나이
248. 새벽 이슬 같은
249. 너의 푸른 가슴속에
250. 여호와여 일어나소서 Ⅰ
251. 바룩 하바(Baruch Haba)
252. 여호와여 일어나소서 Ⅱ

Bb CODE

253. 아버지여 구하오니(목소리 합쳐)
254. 내맘의 기쁨
255. 나의 믿음 주께 있네
256. 지극히 높으신 주님안에
257. 거절당한 자녀들과
258. 세상에 있는(기다리죠)
259. 거룩하신 내 아버지
260. 찬양 찬양

축복과 평안

261. 너무 바쁜 사람들(우리 이제)
262. 주가 베푸신 풍성한(평안함으로)
263. 주의 축복으로
264. 우리가 이렇게(함께 걸어요)
265. 주님이 계신 곳
266. 피난처 되신 주
267. 말없이 사랑하여라
268. 당신은 사랑 받기 위해 태어난 사람
269. 세상에 수없이 많은(사랑해요)
270. 날마다 숨쉬는 순간마다

271. 주 나의 목자
272. 당신이 힘들다는 걸 (위로송)
273. 당신 오늘 힘겨워(당신은)
274. 아름다운 그대(FRIENDS)
275. 주의 사랑 안에서(축복해요)
276. 오늘처럼 기쁜 날
277. 사랑해요 당신을(교제송)
278. 이 시간 모두
279. 당신은 아름다운(아름다운 사람)
280. 외롭고 힘들어(혼자라 느낄 때)
281. 나의 마음을 잠잠케 하소서
282. 별빛 속에 빛나는 주님

특별찬양

283. 모든 백성 나라들아
284. 힘들었었지 (New Start)
285. 오늘은 그대 모습이(참사랑)
286. 어릴적 할머님의(할머님의 기도)
287. 내 영혼아 주 송축하라
288. 승리가 무엇인줄(승리)
289. 오 사랑의 목자 예수
290. 입에 붙어 나오는 얘기(My Song)
291. 저 하늘 위에(자유)
292. 주님의 긍휼을 구할때
293. 경배해(열방의 노래)
294. 비오는 날은(달팽이의 노래)
295. 사랑하는 친구야(멋진 세상)
296. 여호와는 나의 빛이요
　　　(다윗의 노래)
297. 이제 다시
298. 좁은 문으로
299. 주님 곁에 있기 원해요
300. 하루하루 일들이(내 안의 주님)
301. 꿈을 꿨지(소풍)
302. 손끝 만으로도(하나)

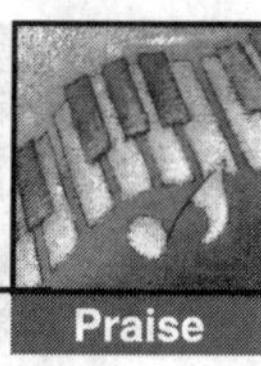

가사첫줄 가나다순 **차 례**

가사첫줄 가나다순

가

가난한 자 부요케 하소서 97
가라 너 주의 용사여 60
감사합니다 190
강하고 담대하라 Ⅰ(강한 용사) 9, 206
강하고 담대하라 Ⅱ 21, 116
강하고 담대해 220
거룩하신 내 아버지 259
거룩하신 주 62
거룩한 성에 들어가겠네 98
거룩한 성전에 거하시며
(국악 버전) 234
거절당한 자녀들과 23, 257
경배하리 오 어린양 99
경배하리 주 하나님 149
경배해(열방의 노래) 293
공중에 나는 새를 보라
(마태복음 6장) 29
광대하시고 능력 많으시며 225
광대하신 주님 30
구원의 하나님 125
그는 천지만물 지으신 주 222
그분은 왕의 왕 158
그 사랑 물가로 흘러
(쉴만한 물가) 104
그의 생명 흘러(생명) 33
기쁜 노래 주께 드리자 232
기쁜 크리스마스 153
꿈을 꿨지(소풍) 301

나

나 가진 재물 없으나(나) 191
나는 주님을 찬양하리라 Ⅰ 233
나는 주님을 찬양하리라 Ⅱ 122
나를 만지시네 32
나를 향한 주의 사랑 110

나 만군의 여호와가(회복 Ⅱ) 194
나 비록 가진 것 없으나 34
나의 등을 기대고(쉼터) 31
나의 마음을 잠잠케 하소서 281
나의 모습 나의 소유 22, 123
나의 목마름을 139
나의 몸을 드려요 37
나의 믿음 주께 있네 255
나의 반석이신 하나님 203
나의 사랑(나의 주님) 108
나의 사랑하는
(나의 사랑 나의 어여쁜 자야) 106
나의 생명 나의 주 245
나의 영혼이 주를 61
나 주 송축해 120
나 주의 것 193
날 돌아보소서 40
날마다 숨쉬는 순간마다 270
내가 만약 나비라면 39
내가 무엇을 가지고 66
내가 산 향해 42
내가 주의 신을 떠나(시편 139편) 64
내가 할 수 있는 것은 157
내 맘의 기쁨 254
내 삶 주님 안에 63
내 생에 가장 귀한 것 65
내 영혼아 잠잠하라 147
내 영혼아 주 송축하라 287
너무 바쁜 사람들(우리 이제) 261
너 어디 가든지 67
너의 이름을 새롭게 하리라 25, 170
너의 푸른 가슴속에 12, 249
놀라우신 그 사랑으로(하나되리) 199
놀라우신 주 찬양 96
눈을 들어 주봅니다 195
눈을 주시고(나 할수 있는 것) 107
능력 위에 능력으로 124

다

당신 오늘(당신은) 273
당신은 사랑 받기 위해 태어난 사람
5, 268
당신은 아름다운(아름다운 사람) 278
당신이 힘들다는 걸(위로 송) 272
더욱 주님을 알수록 163
땡그랑 종소리가(종소리 울릴 때) 70
똑바로 보고 싶어요 200

마

마음이 상한 자를 130
마음이 어둡고 201
말없이 사랑하여라 267
메마른 내 영혼 152
모든 근심을 맡기네 52
모든 민족과 방언들 가운데 202
모든 백성 나라들아 283

바

바다같은 주의 사랑 196
바룩 하바(Baruch Haba) 251
범사에 함께 하시는 148
별빛 속에 빛나는 주님 282
보라 너희는 두려워 말고 156
보좌 앞에 무릎 꿇고 133
보좌 위에 앉으신 주님 140
보좌 위의 주 어린양 72
복 있는 사람은(시편 1편) 35
부어 주소서 주님의 성령 11, 159
비오는 날은(달팽이의 노래) 294

사

사랑은 Ⅰ 36
사랑은 Ⅱ 44
사랑의 주님 닮기 원하네 73

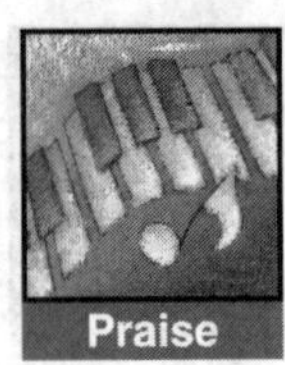# Immanuel!

사랑하고 150
사랑하는 친구야(멋진 세상) 295
사랑하며 경배합니다 192
사랑해요(교제송) 277
사망의 그늘에 앉아(그날) 15, 204
상심한 내 마음속에서 129
새 노래로 주를 찬양 228
새벽 이슬같은 4, 248
서리라 155
선한 목자 75
세상 모든 민족이
(물이 바다 덮음 같이) 10, 146
세상 흔들리고(오직 믿음으로) 2, 121
세상에 수없이(사랑해요) 269
세상에 있는 외로움(기다리죠) 258
세상의 모든 만물이(왕의왕 되신주) 41
손끝 만으로도(하나) 302
송축하리라 229
승리가 무엇인줄(승리) 288
십자가를 등에 지고(고난의 길) 235
십자가에서 죽으신 예수 161

아

아름다운 것을 162
아름다운 그대(Friends) 274
아버지 이 몸을(드림) 175
아버지여 171
아버지여 구하오니(목소리 합쳐) 253
아버지여 이끄소서 134
아 주님(주께 능치 못할 일없네) 68
아침에 주의 인자하심을(시편 92편) 165
알렐루야 아도나이 247
어두운 세상에 45
어릴적 할머님의(할머님의 기도) 286
엘샤다이(El-Shaddai) 242
여호와 69
여호와 나의 방패시며 76
여호와 나의 하나님
(할렐루 할렐루야) 145
여호와 이레 236

여호와는 나의
(다윗의 노래 : 시편 27편) 296
여호와여 일어나소서 Ⅰ 250
여호와여 일어나소서 Ⅱ 252
여호와의 친밀한 사랑은 205
열방 백성들아 180
영원한 사랑으로 79
예수 귀하신 이름 78
예수 나의 가장 큰 이름 46
예수 사랑해요 80
예수 어린양(주 나의 모든 것) 138
예수 예수 아름다운 주 168
예수 이름이 온 땅에 8, 95
예수 하나님의 공의 71
예수는 길이요 부활 생명되시니 197
예수의 이름은 214
오늘은 그대 모습이(참사랑) 285
오늘처럼 기쁜 날 276
오래 전에 베들레헴에 167
오 사랑의 목자 예수 289
오소서 진리의 성령님(부흥 2000) 1, 59
온 땅에 어둠이 덮였으니 166
온 땅이 주의 음성 듣고 74
온 세상 들으라 219
온 세상 밝게(내게 주신 선물) 207
왕되신 예수께 135
왕의 왕 주께 210
왜 슬퍼하느냐(왜) 177
외롭고 힘들어(혼자라 느낄 때) 280
외치세 기쁨과 승리 82
우리 다 국경 넘고 169
우리 모두 소리 높여 53
우리 모두 양과 같이 43
우리 보좌 앞에(비전 : 국악버전) 18, 198
우리 오늘 눈물로(보리라) 14, 211
우리 우리 주님은 103
우리 함께 기도해 13, 101
우리가 서로 사랑한다면(우리) 160
우리가 이렇게(함께 걸어요) 264
우리를 위해 찢기셨네 26, 102

우리를 죽기까지(믿음의 가정) 7, 151
우리의 어두운 눈이 213
우리의 질고를 178
은보다 더 귀하신 105
은혜로만 47
이 나라 민족의 죄악과 188
이 세상엔 하나님 법칙 있네 131
이 시간 모두 279
이제 다시 297
이제는 내게 132
잃어버린 양을 77
임마누엘(Emmanuel) 48
입에 붙어 나오는(My Song) 290
입에는 하나님 찬양을(전투의 노래) 244
있는 모습 그대로 38

자

저 죽어가는
(메마른 뼈들에 생기를) 17, 100
저 하늘 위에 구름은(자유) 291
저 하늘의 귀한 208
전능하신 주께 감사하리 49
정결한 마음(정결) 237
정결한 맘 내게 주소서 81
존귀 어린양 예수 84
존귀하신 여호와 하나님 83
좁은 문으로 298
주가 길이 다스리리 217
주가 베푸신 풍성한(평안함으로) 262
주가 세우시네 예루살렘 223
주 거룩한 보좌로 137
주께 가오니 212
주께 경배하리 240
주께 맡긴 나의 삶 179
주께서 주신 동산에(땅 끝에서) 85
주께서 창조하신
(세대를 거스리면서) 111
주 나의 목자 28, 271
주 나의 하나님 176
주내 안에 이루시는 27, 117

주 네 맘에 87
주는 교회의 머리요 183
주님 곁에 있기 원해요 299
주님 기도합니다(회복 Ⅰ) 181
주님 날 사랑하시네 184
주님과 같이 날 위해 24, 128
주님은 나의 구원의 반석 243
주님은 나의 사랑 51
주님은 이스라엘의 능력 221
주님을 찾는 자(광대하신 주님) 136
주님의 긍휼을 구할 때 292
주님의 사랑이 내 맘 중심에 118
주님의 살과 피 173
주님의 영광 여기 임하사 57
주님이 계신곳 265
주님이 흘린(주님의 아파하심으로) 174
주 다스리네 209
주를 찬양하는 마음 주셨네 230
주를 향한 나의 사랑을 216
주만 사랑합니다 89
주 사모합니다 246
주안에 우린 하나(기대) 3, 58
주여 내 맘을 녹이소서 231
주여 우릴 보내시려면 90
주여 은혜와 긍휼로 114
주여 이 땅을 고쳐 주소서 88

주여 임하소서 126
주 예수 기뻐 찬양해 127
주 예수 오셔서 115
주 예수 우리 죄 위해 172
주와 같은 이 54
주와 죽으면 86
주 은혜 날 채우시네 142
주의 나라 이 땅위에 182
주의 사랑 안에서(축복해요) 275
주의 생수 내게 넘치소서 93
주의 얼굴 구하리 141
주의 영광 위해 238
주의 이름 안에서
(찬양의 제사 드리며) 92
주의 이름 회복 하옵소서 91
주의 축복으로 263
주 이름 큰 능력 있도다 94
죽임 당하신 어린양 6, 154
중심을 살피시는 하나님 227
즐거이 외치며 앞으로 나가세 239
지극히 높으신 주님 안에 20, 256
지루한 하루라(세상 끝날까지) 109
진실한 내 모습 241

차

찬양 찬양 260

참으로(이상한 기쁨) 50
천국은 참 놀라운 곳 119
천사들 소리높여 189
천사들이 찬양하며 55

파

피난처 되신 주 266

하

하나님 전에 오르자 143
하나님의 사랑 56
하나님이여 112
하늘 권세 그 능력으로 16, 224
하늘 영광 떠나서 226
하늘에 계시는(하나되게 하소서) 113
하늘의 영광을 218
하루하루 일들이(내 안의 주님) 300
할렐루야 살아 계신 주 215
할렐루야 주가 경배합니다 186
형제가 연합하는 것 19, 164
형제의 그 눈빛(그는 사랑) 185
흐르네 주 보혈(구원의 강) 187
흰눈이 내려 쌓이면 144
힘들었었지(New Start) 284

주제별 분류

BEST SONG

강하고 담대하라(강한 용사) 9, 206
너의 푸른 가슴속에 12, 249
당신은 사랑 받기 위해 태어난 사람 5, 268
부어 주소서 주님의 성령 11, 159
사망의 그늘에 앉아(그날) 15, 204
새벽 이슬 같은 4, 248
세상 모든 민족이 (물이 바다 덮음 같이) 10, 146
세상 흔들리고(오직 믿음으로) 2, 121
예수 이름이 온 땅에 8, 95
오소서 진리의 성령님(부흥 2000) 1, 59
우리 보좌 앞에(비전-국악버전) 18, 198
우리 오늘 눈물로(보리라) 14, 211
우리 함께 기도해 13, 101
우리를 죽기까지(믿음의 가정) 7, 151
저 죽어 가는 (메마른 뼈들에 생기를) 17, 100
주안에 우린 하나(기대) 3, 58
죽임 당하신 어린 양 6, 154
하늘 권세 그 능력으로 16, 224

새노래

강하고 담대하라 Ⅱ 21, 116
거절당한 자녀들과 23, 257
나의 모습 나의 소유 22, 123
너의 이름을 25, 170
우리를 위해 26, 102
주 나의 목자 28, 271
주 내 안에 이루시는 27, 117
주님과 같이 날 위해 24, 128
지극히 높으신 주님 20, 256
형제가 연합하는 것 19, 164

경배와 찬양

거룩하신 내 아버지 259
거룩하신 주 62
거룩한 성전에 거하시며(국악버전) 234
경배하리 오 어린양 99
경배하리 주 하나님 149
광대하시고 능력 많으시며 225
광대하신 주님 30
그분은 왕의 왕 158
기쁜 노래 주께 드리자 232
나는 주님을 찬양하리라 Ⅰ 233
나는 주님을 찬양하리라 Ⅱ 122
나를 향한 주의 사랑 110
나의 반석이신 하나님 203
나의 생명 나의 주 245
나의 영혼이 주를 61
나 주 송축해 120
나 주의 것 193
내가 무엇을 가지고 66
너 어디 가든지 67
놀라우신 주 찬양 96
눈을 들어 주봅니다 195
더욱 주님을 알수록 163
모든 민족과 방언들 가운데 202
바다 같은 주의 사랑 196
바룩 하바(Baruch Haba) 251
보좌 앞에 무릎 꿇고 133
보좌 위에 앉으신 주님 140
보좌 위의 주 어린양 72
부어 주소서 주님의 성령 159
사랑하며 경배합니다 192
새 노래로 주를 찬양 228
세상의 모든 만물이 (왕의 왕 되신 주) 41
송축하리라 229
십자가에서 죽으신 예수 161

아버지여 구하오니(목소리 합쳐) 253
알렐루야 아도나이 247
엘샤다이(El-Shaddai) 242
여호와 나의 하나님 (할렐루 할렐루야) 145
열방 백성들아 180
예수 사랑해요 80
예수 예수 아름다운 주 168
예수의 이름은 214
온 세상 들으라 219
왕 되신 예수께 135
왕의 왕 주께 210
우리 모두 소리 높여 53
입에는 하나님 찬양을(전투의 노래) 244
저 하늘의 귀한 208
존귀 어린양 예수 84
존귀하신 여호와 하나님 83
주가 길이 다스리리 217
주께 경배하리 240
주 나의 하나님 176
주님 날 사랑하시네 184
주님의 영광 여기 임하사 57
주를 찬양하는 마음 주셨네 230
주만 사랑합니다 89
주 사모합니다 246
주여 임하소서 126
주 예수 기뻐 찬양해 127
주와 같은 이 54
주의 영광 위해 238
주의 이름 안에서 (찬양의 제사 드리며) 92
중심을 살피시는 하나님 227
즐거이 외치며 앞으로 나가세 239
지극히 높으신 주님 안에 20, 256
찬양 찬양 260
천국은 참 놀라운 곳 119
천사들 소리 높여 189

천사들이 찬양하며 55
하나님 전에 오르자 143
하나님이여 112
하늘 영광 떠나서 226
하늘의 영광을 218
할렐루야 살아 계신 주 215
할렐루야 주가 경배합니다 186
형제가 연합하는 것 19, 164
형제의 그 눈빛(그는 사랑) 185
흐르네 주 보혈(구원의 강) 187

간구

나의 목마름을 139
날 돌아보소서 40
내가 산 향해 42
내 생에 가장 귀한 것 65
똑바로 보고 싶어요 200
마음이 상한 자를 130
마음이 어둡고 201
메마른 내 영혼 152
아버지여 171
아버지여 이끄소서 134
오소서 진리의 성령님(부흥 2000) 1, 59
우리 함께 기도해 13, 101
이 나라 민족의 죄악과 188
저 죽어가는
(메마른 뼈들에 생기를) 17, 100
정결한 마음(정결) 237
주께 가오니 212
주님 기도합니다(회복1) 181
주여 내 맘을 녹이소서 231
주여 은혜와 긍휼로 114
주여 이 땅을 고쳐 주소서 88
주의 나라 이 땅위에 182
주의 얼굴 구하리 141
하나님의 사랑 56
하늘에 계시는(하나되게 하소서) 113

감사

감사합니다 190

나 가진 재물 없으나(나) 191
내가 만약 나비라면 39
내가 할 수 있는 것은 157
눈을 주시고(나 할 수 있는 것) 107
아침에 주의 인자하심을(시편 92편) 165
여호와 이레 236
전능하신 주께 감사하리 49
주님은 나의 사랑 51
흰눈이 내려 쌓이면 144

헌신과 의탁

강하고 담대하라 Ⅱ 21, 116
공중에 나는 새를 보라
(마태복음 6장) 29
나의 등을 기대고(쉼터) 31
나의 모습 나의 소유 22, 123
나의 몸을 드려요 37
내가 주의 신을 떠나(시편 139편) 64
내 삶 주님 안에 63
내 영혼아 잠잠하라 147
너의 이름을 새롭게 하리라 25, 170
모든 근심을 맡기네 52
새벽 이슬 같은 4, 248
선한 목자 75
세상 흔들리고(오직 믿음으로) 2, 121
아름다운 것을 162
아버지 이 몸을(드림) 175
여호와의 친밀한 사랑은 205
우리를 죽기까지(믿음의 가정) 7, 151
이 세상엔 하나님 법칙 있네 131
있는 모습 그대로 38
주께 맡긴 나의 삶 179
주 네 맘에 87
주를 향한 나의 사랑을 216
주 은혜 날 채우시네 142
주의 생수 내게 넘치소서 93
진실한 내 모습 241

기쁨

강하고 담대해 220

그의 생명 흘러(생명) 33
기쁜 크리스마스 153
나의 사랑(나의 주님) 108
내 맘의 기쁨 254
놀라우신 그 사랑으로(하나되리) 199
땡그랑 종소리가(종소리 울릴 때) 70
범사에 함께 하시는 148
주님을 찾는 자(광대하신 주님) 136
주안에 우린 하나(기대) 3, 58
참으로(이상한 기쁨) 50

구원

구원의 하나님 125
나 비록 가진 것 없으나 34
복 있는 사람은(시편 1편) 35
십자가를 등에 지고(고난의 길) 235
여호와 69
여호와여 일어나소서 Ⅰ 250
여호와여 일어나소서 Ⅱ 252
영원한 사랑으로 79
예수 나의 가장 큰 이름 46
예수 어린양(주 나의 모든 것) 138
오래 전에(마리아의 아기 예수) 167
우리 보좌 앞에
(비전 : 국악버전) 18, 198
우리를 위해 찢기셨네 26, 102
우리의 어두운 눈이 213
우리의 질고를 178
은혜로만 47
이제는 내게 132
잃어버린 양을 77
임마누엘(Emmanuel) 48
주님과 같이 날 위해 24, 128
주님은 나의 구원의 반석 243
주님의 사랑이 내 맘 중심에 118
주님의 살과 피 173
주님이 흘린(주님의 아파하심으로) 174
주 예수 우리 죄 위해 172
죽임 당하신 어린양 6, 154

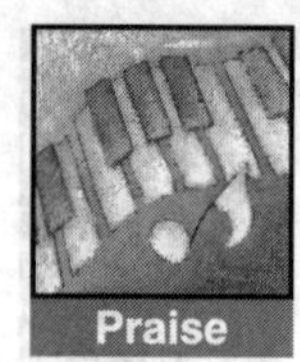

치유와 회복

가난한 자 부요케 하소서 97
거절당한 자녀들과 23, 257
그 사랑 물가로 흘러(쉴만한 물가) 104
나를 만지시네 32
나 만군의 여호와가(회복 Ⅱ) 194
나의 사랑하는
(나의 사랑 나의 어여쁜 자야) 106
사랑은 Ⅰ 36
사랑은 Ⅱ 44
사랑의 주님 닮기 원하네 73
상심한 내 마음속에서 129
세상에 있는 외로움(기다리죠) 258
어두운 세상에 45
여호와 나의 방패시며 76
온 세상 밝게(내게 주신 선물) 207
왜 슬퍼하느냐(왜) 177
우리 모두 양과 같이 43
우리 오늘 눈물로(보리라) 14, 211
우리 우리 주님은 103
우리가 서로 사랑한다면(우리) 160
정결한 맘 내게 주소서 81
주가 세우시네 예루살렘 223
주 내 안에 이루시는 27, 117
주 예수 오셔서 115
주의 이름 회복 하옵소서 91
주 이름 큰 능력 있도다 94
지루한 하루라(세상 끝날까지) 109

선교와 전도

가라 너 주의 용사여 60
사랑하고 150
사망의 그늘에 앉아(그날) 15, 204
세상 모든 민족이
(물이 바다 덮음 같이) 10, 146
예수 이름이 온 땅에 8, 95

주는 교회의 머리요 183
주여 우릴 보내시려면 90

선포와 명령

거룩한 성에 들어가겠네 98
그는 천지만물 지으신 주 222
너의 푸른 가슴속에 12, 249
예수 귀하신 이름 78
예수 하나님의 공의 71
예수는 길이요 부활 생명되시니 197
온 땅에 어둠이 덮였으니 166
우리 다 국경 넘고 169
은보다 더 귀하신 105
주 거룩한 보좌로 137
주 다스리네 209

영적전쟁과 승리

강하고 담대하라 Ⅰ(강한 용사) 9, 206
나의 믿음 주께 있네 255
능력 위에 능력으로 124
보라 너희는 두려워 말고 156
서리라 155
아 주님(주께 능치 못할 일없네) 68
온 땅이 주의 음성 듣고 74
외치세 기쁨과 승리 82
주님은 이스라엘의 능력 221
주와 죽으면 86
하늘 권세 그 능력으로 16, 224

축복과 평안

나의 마음을 잠잠케 281
날마다 숨쉬는 순간마다 270
너무 바쁜 사람들(우리 이제) 261
당신 오늘 힘겨워(당신은) 273
당신은 사랑 받기 위해 태어난 사람 268
당신은 아름다운(아름다운 사람) 280
당신이 힘들다는 걸(위로송) 272

말없이 사랑하여라 267
별빛 속에 빛나는 주님 282
사랑해요 당신을(교제송) 277
세상에 수없이 많은(사랑해요) 269
아름다운 그대(FRIENDS) 274
오늘처럼 기쁜 날 276
외롭고 힘들어(혼자라 느낄 때) 279
우리가 이렇게(함께 걸어요) 264
이 시간 모두 278
주가 베푸신 풍성한(평안함으로) 262
주 나의 목자 271
주님이 계신 곳 265
주의 사랑 안에서(축복해요) 275
주의 축복으로 263
피난처 되신 주 266

특별찬양

경배해(열방의 노래) 293
꿈을 꿨지(소풍) 301
내 영혼아 주 송축하라 287
모든 백성 나라들아 283
비오는 날은(달팽이의 노래) 294
사랑하는 친구야(멋진 세상) 295
승리 288
어릴적 할머님의 기도(할머님 기도) 286
여호와는 나의 빛이요(다윗의 노래) 296
오 사랑의 목자 예수 289
오늘은 그대(참사랑) 285
이제 다시 297
입에 붙어 나오는 얘기(My Song) 290
저 하늘 위에(자유) 291
좁은 문으로 298
주님 곁에 있기 원해요 299
주님의 긍휼을 구할 때 292
하루하루 일들이(내 안의 주님) 300
힘들었었지(New Start) 284

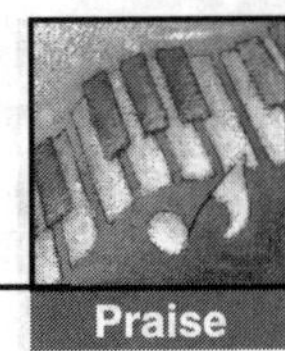

수록음반 가나다순

가

60　가라 너 주의 용사여　여의도광장집회 경배와 찬양(LIVE)

9, 206　강하고 담대하라 Ⅰ(강한 용사)　예수전도단 9 "부흥 2000"

21, 116　강하고 담대하라 Ⅱ　1999 경배와 찬양 새노래 1

62　거룩하신 주　기쁜찬미예수 2, "민족과 열방" 두란노 경배와 찬양

234　거룩한 성전에 거하시며(국악 버전)　"예수 찬양과 경배 6" 은성선교단

23, 257　거절당한 자녀들과　1999 경배와 찬양 새노래 1

293　경배해(열방의 노래)　예수전도단 9 "부흥 2000"

125　구원의 하나님　"전하세예수 중국" 두란노 경배와 찬양

222　그는 천지만물 지으신 주　"민족과 열방", "전하세예수 중국" 두란노 경배와 찬양

158　그분은 왕의 왕　"예수찬양과경배 2" 은성선교단

104　그 사랑 물가로 흘러(쉴만한 물가)　이시은 1집

33　그의 생명 흘러(생명)　"신비" 박미자 1

232　기쁜 노래 주께 드리자　전하세 예수 9 두란노 경배와 찬양

153　기쁜 크리스마스　캐롤 옴니버스(다솔)

301　꿈을 꿨지(소풍)　찬양하는 사람들 4

나

191　나가진 재물 없으나(나)　"그이름" 주찬양 1

233　나는 주님을 찬양하리라 Ⅰ　워킹(Working) 1

122　나는 주님을 찬양하리라 Ⅱ　1999 경배와 찬양 새노래 1, "전하세 예수 12" 두란노 경배와 찬양

110　나를 향한 주의 사랑　노래하는 어부들 5

34　나 비록 가진 것 없으나　소리엘 3

31　나의 등을 기대고(쉼터)　소리엘 4

281　나의 마음을 잠잠케 하소서　"침묵기도 6" 두란노 경배와 찬양

22, 123　나의 모습 나의 소유　1999 경배와 찬양 새노래 1

139　나의 목마름을　"침묵기도 5" 두란노 경배와 찬양

255　나의 믿음 주께 있네　"전하세 예수 11" 두란노 경배와 찬양

203　나의 반석이신 하나님　"전하세 예수 2" 두란노 경배와 찬양, 어부들의 찬양 1

108　나의 사랑(나의 주님)　나명박

245　나의 생명 나의 주　"민족과 열방", "전하세 예수 중국" 두란노 경배와 찬양

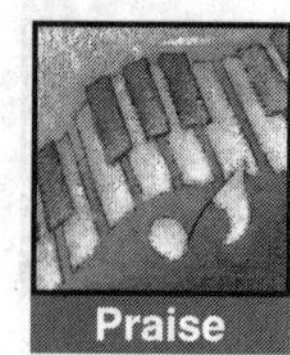

Praise *Immanuel!*

61 나의 영혼이 주를 나명박

120 나주 송축해 Hosanna Integrity 7 "Give Thinks"

40 날 돌아보소서 "Celebration 2" 두란노 경배와 찬양, 열린세대 성령캠프 찬양실황 1

270 날마다 숨쉬는 순간마다 임성진 베스트 2, 전용대 복음성가 2, DuoPlay, 코리안심포니 - 복음성가 3

39 내가 만약 나비라면 복음성가 은혜 메들리 3, 어린이 주 찬양 1

64 내가 주의 신을 떠나(시편 139편) 이미희 1

157 내가 할 수 있는 것은 아노니모스, 찬미예수 1500(5)

63 내 삶 주님 안에 김성진 1

65 내생에 가장 귀한 것 이광희 찬양 2

147 내 영혼아 잠잠하라 윈드송연주(경음악), "내영혼아 잠잠하라" 방익수

287 내 영혼아 주 송축하라 예수전도단 9 "부흥 2000"

261 너무 바쁜 사람들(우리 이제) 찬양하는 사람들 4

67 너 어디 가든지 손영진 5

25, 170 너의 이름을 새롭게 하리라 1999 경배와 찬양 새노래 1

12, 249 너의 푸른 가슴속에 예수전도단 9 "부흥 2000"

199 놀라우신 그 사랑으로(하나되리) Love Song 2

96 놀라우신 주 찬양 한국컨티넨탈 선교단 1

195 눈을 들어 주봅니다 "전하세 예수 12" 두란노 경배와 찬양

107 눈을 주시고(나 할 수 있는 것) 찬양하는 사람들 4

124 능력 위에 능력으로 "전하세 예수 12" 두란노 경배와 찬양

다

273 당신 오늘(당신은) 이은미 1

5, 268 당신은 사랑 받기 위해 태어난 사람 김성진 1, 김지애, 이정림, Love

278 당신은 아름다운(아름다운 사람) Love Song 2

272 당신이 힘들다는 걸(위로 송) 소리엘 3

163 더욱 주님을 알수록 Praise 5, 찬미예수 1000(1)

200 똑바로 보고 싶어요 이성호 3, 전용대 2, 코리안 심포니 - 복음성가 2, 정명옥 1

마

201 마음이 어둡고 주찬양 1

267 말없이 사랑하여라 달팽이 1

52 모든 근심을 맡기네 가스펠 멜로디 1

202 모든 민족과 방언들 가운데 1999 경배와 찬양 새노래 1

283 모든 백성 나라들아 “하나님의 눈으로” 이미희

바

196 바다같은 주의 사랑 “침묵기도 5” 두란노 경배와 찬양

251 바룩 하바(Baruch Haba) “전하세 예수 10” 두란노 경배와 찬양

282 별빛 속에 빛나는 주님 “아름다운 친구에게” 유현숙

156 보라 너희는 두려워 말고 호흡이 있는 자 1, “보라 하나님의 구원을” 김하정,
　　노문환 라이브 - 위로 찬미예수 1500(1)

133 보좌 앞에 무릎 꿇고 “전하세 예수 11” 두란노 경배와 찬양

140 보좌 위에 앉으신 주님 1999 경배와 찬양 새노래 1

11, 159 부어주소서 주님의 성령 예수전도단 9 “부흥 2000”

294 비오는 날은(달팽이의 노래) 달팽이 1

사

36 사랑은 Ⅰ Love 1

44 사랑은 Ⅱ Love 2

73 사랑의 주님 닮기 원하네 어린이 찬양과 경배 4, 복음성가 은혜 메들리 4

295 사랑하는 친구야(멋진 세상) A-Men 1

192 사랑하며 경배합니다 1999 경배와 찬양 새노래 1, “전하세 예수 12” 두란노 경배와 찬양

277 사랑해요(교제송) With 2

15, 204 사망의 그늘에 앉아(그날) 예수전도단 9 “부흥 2000”, 소리엘 5

129 상심한 내 마음속에서 손영진 2 “주님은 나의 방패”

228 새 노래로 주를 찬양 열린예배 Worship BEST 25

4, 248 새벽 이슬같은 소리엘 5, 소리엘 베스트 콜렉션

10, 146 세상 모든 민족이(물이 바다 덮음 같이) 예수전도단 9 “부흥 2000”

2, 121 세상 흔들리고(오직 믿음으로) 예수전도단 9 “부흥 2000”

269 세상에 수없이(사랑해요) 평화나라 1

258 세상에 있는 외로움(기다리죠) 아침 1

41 세상의 모든 만물이(왕의왕 되신주) 아침 1

302 손끝 만으로도(하나) Love 2

288 승리가 무엇인줄(승리) 김명식 1

235 십자가를 등에 지고(고난의 길) Sandi Patti Best 14

161 십자가에서 죽으신 예수 김성진 1

Praise

Immanuel!

아

274 아름다운 그대(Friends) 교제송(다솔)

175 아버지 이 몸을(드림) 달팽이 1

253 아버지여 구하오니(목소리 합쳐) 김성진 1

68 아 주님 (주께 능치 못할 일없네) 한국컨티넨탈 선교단 1 "오 주를 찬미하세"

165 아침에 주의 인자하심을(시편 92편) 좋은 씨앗 1, 좋은 씨앗 베스트

247 알렐루야 아도나이 "침묵기도 3" 두란노 경배와 찬양

286 어릴적 할머님의(할머님의 기도) 냉수 한 그릇

242 엘샤다이(El-Shaddai) "전하세 예수 10" 두란노 경배와 찬양

69 여호와 예수전도단 9 "부흥 2000"

76 여호와 나의 방패시며 "침묵기도 4" 두란노 경배와 찬양

236 여호와 이레 찬양 찬양 메들리 1, 예수님이 좋아요 2, 찬양메들리 모음집 1

296 여호와는 나의(다윗의 노래 : 시편 27편) 소리엘 5

205 여호와의 친밀한 사랑은 임마누엘 2

180 열방 백성들아 "전하세 예수 11" 두란노 경배와 찬양

78 예수 귀하신 이름 "전하세 예수 3" "전하세 예수 Selectron 1" 두란노 경배와 찬양, 경배와 찬양 베스트 25

46 예수 나의 가장 큰 이름 나명박

80 예수 사랑해요 1999 경배와 찬양 새노래 1, "전하세 예수 12" 두란노 경배와 찬양

138 예수 어린양(주 나의 모든 것) 김성진 1

168 예수 예수 아름다운 주 찬미예수 1500(1)

8, 95 예수 이름이 온 땅에 예수전도단 9 "부흥 2000"

71 예수 하나님의 공의 "전하세 예수 12" 두란노 경배와 찬양

197 예수는 길이요 부활 생명되시니 "전하세 예수 중국" 두란노 경배와 찬양

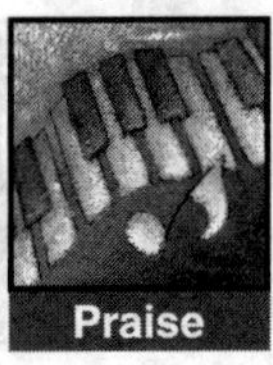

214 예수의 이름은 "경배하는 이시간 1" "마라나타 싱어즈", "예수의 이름으로" 이정림 라이브

285 오늘은 그대 모습이(참사랑) 평화나라 1

167 오래 전에 (베들레헴에) 어린이 찬양과 경배 3

289 오 사랑의 목자 예수 송정미 "잃어버린 영혼을 향하여"

1, 59 오소서 진리의 성령님(부흥 2000) 예수전도단 9 "부흥 2000"

166 온 땅에 어둠이 덮였으니 1999 경배와 찬양 새노래 1, "전하세 예수 12" 두란노 경배와 찬양

219 온 세상 들으라 "전하세 예수 12" 두란노 경배와 찬양

135 왕되신 예수께 Hosanna Integrity 16 "Stead fast Love"

210 왕의 왕 주께 "전하세 예수 11" 두란노 경배와 찬양

177 왜 슬퍼하느냐(왜) 소리엘 2 소리엘 베스트 콜렉션, "위로" 노문환 라이브

43 우리 모두 양과 같이 김성진 1

18, 198 우리 보좌 앞에(비전 : 국악버전) 예수전도단 9 "부흥 2000"

14, 211 우리 오늘 눈물로(보리라) 예수전도단 9 "부흥 2000"

103 우리 우리 주님은 소리엘 1

13, 101 우리 함께 기도해 예수전도단 9 "부흥 2000"

160 우리가 서로 사랑한다면(우리) 평화나라 1

264 우리가 이렇게(함께 걸어요) Love Song 2

26, 102 우리를 위해 찢기셨네 1999 경배와 찬양 새노래 1

7, 151 우리를 죽기까지(믿음의 가정) 김명식 1

213 우리의 어두운 눈이 "그 이름" 주찬양 1, 골든 합창 시리즈 7

47 은혜로만 색스폰 연주(경음악)

131 이 세상엔 하나님 법칙 있네 "사랑은 영원한 축복" 윤성열

297 이제 다시 소리엘 3, 소리엘 베스트 콜렉션, 위드

77 잃어버린 양을 "잃어버린 양을" 드림선교단

48 임마누엘(Emmanuel) "전하세 예수 3" 두란노 경배와 찬양, 경배와 찬양 베스트 25

290 입에 붙어 나오는(My Song) 냉수 한 그릇

38 있는 모습 그대로 "평화" 노문환 2, 찬미예수 1000(2)

자

17, 100 저 죽어가는(메마른 뼈들에 생기를) 예수전도단 9 "부흥 2000"

291 저 하늘 위에 구름은(자유) Love 1

208 저 하늘의 귀한 옹기장이 2

237 정결한 마음(정결) 예수전도단 8 "부흥"

83 존귀하신 여호와 하나님 "침묵기도 2" 두란노 경배와 찬양

Praise

Immanuel!

298 좁은 문으로 With 2

262 주가 베푸신 풍성한(평안함으로) 김종섭

137 주 거룩한 보좌로 "전하세 예수 11" 두란노 경배와 찬양

212 주께 가오니 "전하세 예수 11" 두란노 경배와 찬양

179 주께 맡긴 나의 삶 최인혁 3 "Holy"

85 주께서 주신 동산에(땅 끝에서) 예수전도단 8 "부흥"

111 주께서 창조하신(세대를 거스리면서) 제이월드

28, 271 주 나의 목자 1999 경배와 찬양 새노래 1

27, 117 주 내안에 이루시는 1999 경배와 찬양 새노래 1

299 주님 곁에 있기 원해요 H.I. 24(Bless the Lord)

24, 128 주님과 같이 날 위해 1999 경배와 찬양 새노래 1

136 주님을 찾는 자(광대하신 주님) 김성진 1

173 주님의 살과 피 주찬양 4

265 주님이 계신곳 "전하세 예수 중국" 두란노 경배와 찬양 "좁은길" 박종호 5

174 주님이 흘린(주님의 아파하심으로) 소리엘 2

209 주 다스리네 경쾌한 집회 성가 메들리 1

230 주를 찬양하는 마음 주셨네 "예수 찬양과 경배 1" 은성 선교단, 전진옥 찬양 5

216 주를 향한 나의 사랑을 "전하세 예수 12" 두란노 경배와 찬양

246 주 사모합니다 예수전도단 8 "부흥"

3, 58 주안에 우린 하나(기대) 워킹(Working) 1

90 주여 우릴 보내시려면 1999 경배와 찬양 새노래 1

88 주여 이 땅을 고쳐 주소서 "전하세 예수 중국" 두란노 경배와 찬양

126 주여 임하소서 "전하세 예수 11" 두란노 경배와 찬양

127 주 예수 기뻐 찬양해 "전하세 예수 12" 두란노 경배와 찬양

86 주와 죽으면 "예수 찬양과 경배 5" 은성선교단

182 주의 나라 이 땅위에 "전하세 예수 10" 두란노 경배와 찬양

275 주의 사랑 안에서(축복해요) "친구여 들어 보았나요" 정윤선 1, 결혼을 축하해요

238 주의 영광 위해 "전하세 예수 10" 두란노 경배와 찬양

92 주의 이름 안에서(찬양의 제사 드리며) 김성진 1

263 주의 축복으로 어린이 찬미 2

6, 154 죽임 당하신 어린양 예수전도단 9 "부흥 2000"

227 중심을 살피시는 하나님 "침묵기도 6" 두란노 경배와 찬양

20, 256 지극히 높으신 주님 안에 1999 경배와 찬양 새노래 1

109 지루한 하루라(세상 끝날까지) Love 2

Immanuel!

차

260 찬양 찬양 "전하세 예수" 두란노 경배와 찬양, "예수 찬양과 경배 3" 은성선교단

50 참으로 (이상한 기쁨) 이미희 1

55 천사들이 찬양하며 1999 경배와 찬양 새노래 1

하

143 하나님 전에 오르자 "전하세 예수 11" 두란노 경배와 찬양

56 하나님의 사랑 이성균 2 "하늘로 띄운 노래"

16, 224 하늘 권세 그 능력으로 예수전도단 9 "부흥 2000"

113 하늘에 계시는(하나되게 하소서) 예수전도단 9 "부흥 2000"

300 하루하루 일들이(내 안의 주님) 아침 1

215 할렐루야 살아 계신 주 "전하세 예수 12" 두란노 경배와 찬양

19, 164 형제가 연합하는 것 1999 경배와 찬양 새노래 1

185 형제의 그 눈빛 (그는 사랑) 최인혁 4

187 흐르네 주 보혈(구원의 강) 예수전도단 9 "부흥 2000"

144 흰눈이 내려 쌓이면 캐롤 옴니버스 (다솔)

284 힘들었었지(New Start) 소리엘 5

▪ BEST SONG ▪

너희 모든 나라들아 여호와를 찬양하며 너희 모든 백성들아 저를 칭송할지어다
우리에게 향하신 여호와의 인자하심이 크고 진실하심이 영원함이로다 할렐루야

(시편 117 : 1-2)

1

부흥 2000

♩ = 72
고형원 사·곡
D   A/C#   Bm   Bm/A G   D/F#
오소서진리의 성령님 -   이땅혼들며 임
Em7   A7 D   F#   Bm   Bm/A
하소서 -   거짓과탐욕 죄 악에무너진 -
Gmaj7   A7   D   D   A/C#   Bm   Bm/A
우리 가슴정케하소 서   오소서은혜의 성령님 -
G   D/F#   Em7   A7 D   F#
하늘가르고 임 하소서 -   거룩한불꽃 - 하늘
Bm   Bm/A G   A7   D G A7
로 서임하사 - 타오 르게 하소서주영광위 해
D   A/C#   Bm   Bm/A
부흥의 불길 - 타오르게   하소서 -   - 진리
G   A   D   D   A/C#
의 말씀 - 이땅새롭게하소 서   은혜의강물 - 흐르게
Bm   Bm/A G   Em   Asus4 A7
하소서 - - 성령 의 바람 - 이땅가득불어   와
G   A7   F#   Bm
흰 옷입 - 은주의   순결한백성 - 주의
G   A7   D   G   A7
영광 위해이제일어   나   열 방을 - 치유하
F#   Bm   G   A7   G/D D
며 행진하는 영 광 의그 날을주 - 소 서

2
오직 믿음으로

3
기대

하박국 2:4
♩=74
고형원 곡
천강수 사곡

F   C/E   Dm   Dm/C   B♭   F/A
1. 세상흔들리고- 사람들은변하-여도 나는 주를섬-기
2. 믿음흔들리고- 사람들주를떠-나도 나는 주를섬-기

Gm7 C7 F C/E Dm Dm/C
리   주님의사랑은- 영원히 변하지-않
리   주님의나라는- 영원히 쇠하지-않

B♭ Gm7 C F F
네 나는 주를신뢰 해
네 나는 주를신뢰 해   오직 믿

B♭ Gm Csus4 C7
음으로- 믿음으로내가 살리 라

F B♭ Gm C7
오직 믿 음으로- 믿음으로내가 살리

F B♭
라 - - 오직 의인은-

Gm Csus4 C7 F
믿음으로 말미암아살리 라   오직

B♭ Gm C7 F
의인은- 믿음으로 말미암아살리 라 - -

C G/B Am G F C/E
주안에우린하 나 모습은달라 도 예수님 한

Dm G7 C G/B Am G
분만바라네 사랑과선행으 로 서로 격려

F C/E Dm G F Fm
해 따스함으로보 듬어-가리- 주님우리안에

C Am Dm G F G
함께하시니- 형제자-매의-기 쁨과슬-픔느-끼네-

F Fm C G/B Am F Dm Gsus4 G
네안에 있는주님 모습보네 그분기뻐하시 - 네-

F/G G F/G G C Gm E7 Am
주 님우릴통-해 계획하-신일-

F C/E Dm G -7 C G7
부족한-입술로-찬양 하게하-신일- 주 님우릴통-해

E7 Am F G7 C
계획하-신일- 너 를통해하실일기대 -해-

보라 그의 마음은 교만하며 그의 속에서 정직하지 못하니라
그러나 의인은 믿음으로 말미암아 살리라
(합 2:4)

4

새벽 이슬같은

이 천 사 ·곡
새 ― 벽 이슬같 -은- - 주의 청 년 들이
- - 주님 -의 백성들에
- 주님 -앞 에 나 오는 도 다 -
게 - - - - 주 여 함께 하 소
- 주님 -의 이름으 -로 - 축복하여 - -주소서
서 새 ― 벽 서
- 주의 빛을발 -하게 하 소 - 서
세상을 구원 하시려- 아들 을 주신 - -
새 ― 벽 서 아버지여 -
하 나 님 아 버 -지 - - - ― -
당신의의 -로 - -부르소 -서 -
각 나라와 족 속과 -모두 백성 -들의 - 찬양
예수님이 -여 - 주의보혈 -로- 덮으소
을 받으 -소 -서 - 높임 을 받으 -소 서 -
서 - - 거룩하신 - 성
- 새 - 벽 서 - 주의
령 님 이여 - 권능으로 - 임 하소서
빛을발 -하게 하 소 - 서 - 주의
- 거룩 한
빛을발 -하게 하 소 - 서 - - -
옷 을 입고 - 즐 거 이 헌 신 하는

5

당신은 사랑받기 위해 태어난 사람

6

죽임 당하신 어린양

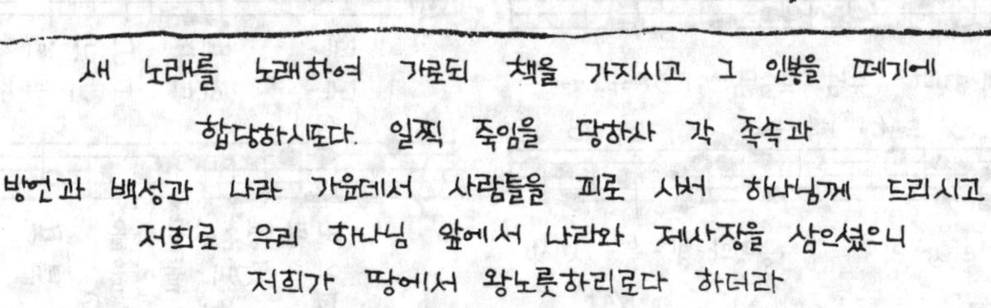

새 노래를 노래하여 가로되 책을 가지시고 그 인봉을 떼기에
합당하시도다. 일찍 죽임을 당하사 각 족속과
방언과 백성과 나라 가운데서 사람들을 피로 사서 하나님께 드리시고
저희로 우리 하나님 앞에서 나라와 제사장을 삼으셨으니
저희가 땅에서 왕노릇하리로다 하더라

(계 5:9 - 10)

7

믿음의 가정

♩=69

Brent Lamb
&John Rosasco
강명식 번역

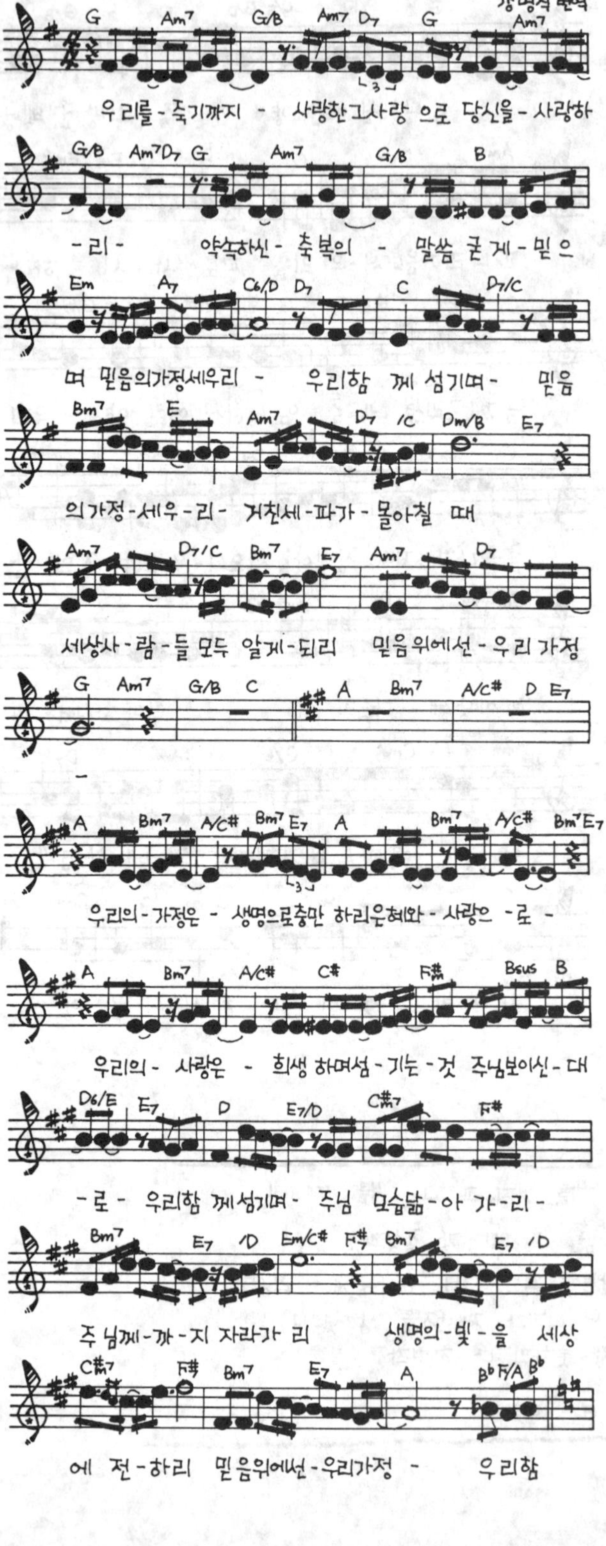

8

예수 이름이 온 땅에

♩=110

김화랑 사·곡

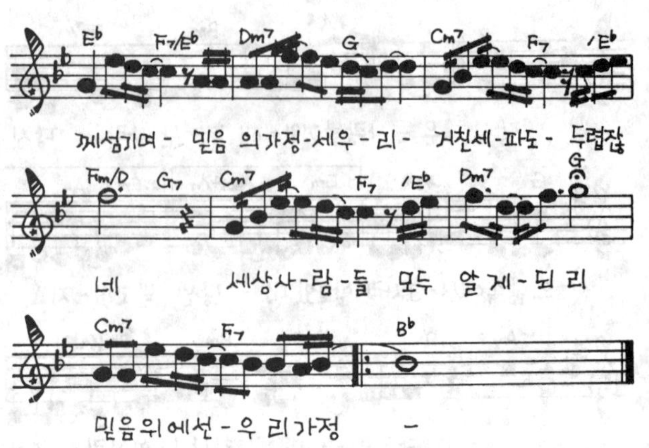

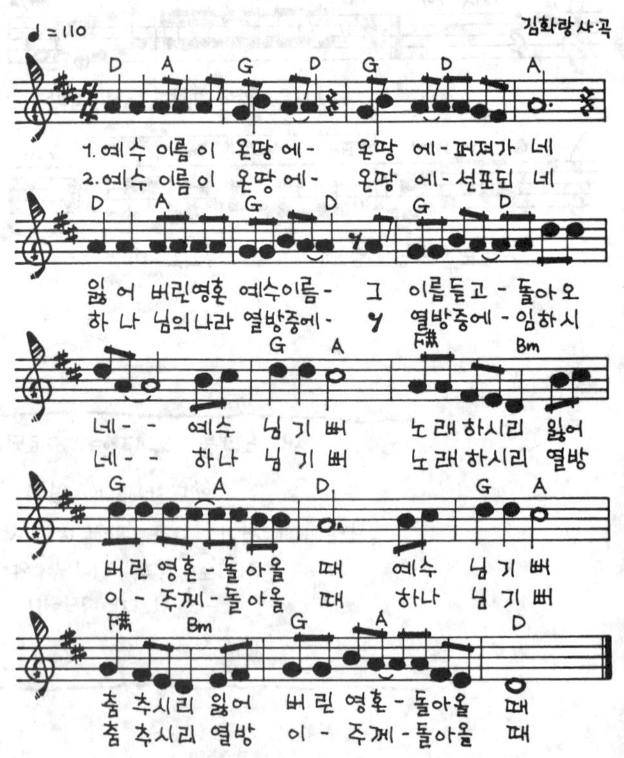

9
강한 용사

이사야 35:1-4,10
♩=64
고형원 곡

강하 고 담대 하라 너의 주 곧 오시리 - 그가

오사 보수 하시리 - 오랜 흑암의 멍에 - 꺾어주

시 - 리 너를 구 원 하 시 - 며 너의 눈물 씻어주 - 시

리 너를 구 원 하 시 - 며 주의 영광 나타내 - 시

리 여호 와의구 속함 - 받은 백 - 성 - 돌아

오 며 기뻐노 - 래하리 - 라 - 슬픔과 - 탄식 다

사라지고 영영한기쁨넘 - 치 리 강하 고 담대

하라 너의 주 곧 오시리 - 그가 오사 보수

하 시리 - 강한 용 사 여호 와 강한 용 사 여호

와 강한 용 사 여호 와 -

10
물이 바다 덮음 같이

하박국 2:14
♩=72
고형원 곡

세상 모든 민족이 - 구원을 얻 기까지 -

쉬지않으시는 - 하 나님 - 주의 심장 가지고 - 우리

이제일어나 - 주 따 - 르게 하소 서 세상

모든 육체가 - 주의 영광 보도록 - 우 리부르시는 - 하

나님 - 주의 손과발되어 - 세상 을치유하며 -

주 섬 - 기게 하소 서 물이바다 덮음같이

- 여호 와의영광을 - 인정하는것 이 온세상가 득하리라

- 물이 바다 덮음같이 물이 바다덮음같이 물이

바다 덮음같이 - 보리 라 그날

에 주의 영광 가득한 - 세 상 우리 눈 - 듣게되

리 온세 상 가 득한승리의 - 함 성

Bridge
Fine
D.S. al Coda

11
부어주소서 주님의 성령

주 여호와의 신이 내게 임하셨으니 이는 여호와께서 내게 기름을 부으사
가난한 자에게 아름다운 소식을 전하게 하려 하심이라
나를 보내사 마음이 상한 자를 고치며
포로된 자에게 자유를, 갇힌 자에게 놓임을 전파하며
여호와의 은혜의 해와 우리 하나님의 신원의 날을 전파하여
모든 슬픈 자를 위로하되

(사 61:1, 2)

12
너의 푸른 가슴 속에

13
우리 함께 기도해

14

보리라

이사야 61:3-4

♩=72

고형원 곡

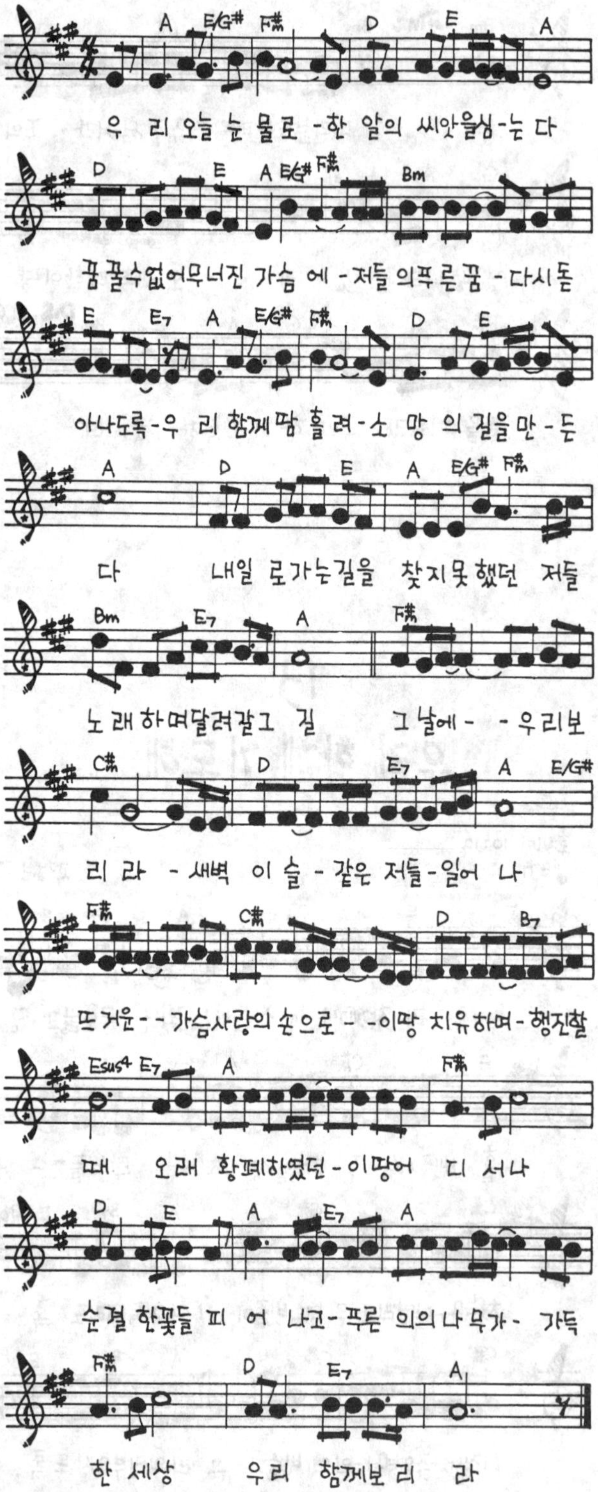
우 리 오늘 눈 물 로 - 한 알의 씨앗을심 - 는 다
꿈 꿀수없어무너진 가슴 에 - 저들 의푸 른꿈 - 다시돋
아나도록 - 우 리 함께 땀 흘 려 - 소 망 의 길을 만 - 든
다 내일 로가는길을 찾지못했던 저들
노 래 하며달려갈그 길 그 날에 - - 우리보
리 라 - 새벽 이 슬 - 같은 저들 - 일어 나
뜨거운 - - 가슴사랑의 손으로 - - 이땅 치유하며 - 행진할
때 오래 황폐하였던 - 이땅어 디 서나
순결 한꽃들 피 어 나고 - 푸른 의의나무가 - 가득
한 세상 우리 함께보리 라

15

그날

시편 126편

♩=72

고형원 곡

사망의그늘에앉아 죽어 가는 나의백성 들 절망
과 굶주림 에 갇힌저들은 내마음의 - 오랜슬 픔
고통의멍에에매 여 울고 있는 나의자녀 들 나는
이제일어나 - 저들의 멍에를꺾고 눈물씻기기 - 원하는
데 누가내게부르 - 짖 어
저들을구원케 - 할 까 누가나를위해 - 가
서 나의사랑을전 - 할 까 나는 이 제 보기원하
네 나의 자녀들 - 살아나는 - 그 날 기쁜
찬 송소리하늘 에 웃음 소 리온 - 땅가득한 - 그 날

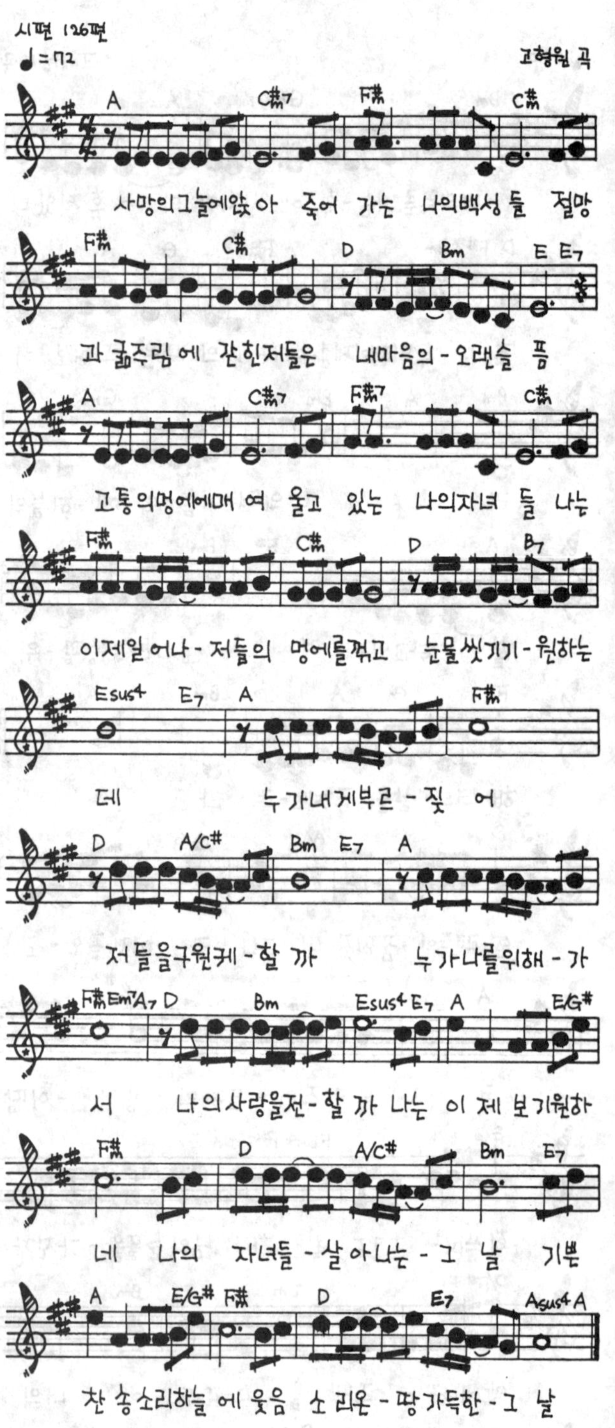

16
하늘 권세 그 능력으로

♩ = 176

고형원 사·곡

하늘 권 - 세 그 능력 - 으 로 주의 이 - 름 선포 할
때 하 나 님의 - 나라 - 이 곳 에 임 - 하네 -
만 왕의 - 왕 다스리 - 시 네 흑암권 - 세 그 힘을 - 잃
고 묶 였던 - 자 해방 되 리 하
나 님의 - 나라 - 이 곳에 임 - 하네 - 만 왕의 - 왕 다스리 - 시
네 모든 영광 과 존귀 와 능력 - 우리
주님 께 영원무 - 궁 히 모든 정사 와 권세 는

힘없 네 - - 하늘에 - 서나 - 땅에서 나
이 적과 - 기사 - 행하시 는 영원
하 신 주를 - 찬양 해 -

* 만 왕의 왕 다 - 스리시네 이 땅은 주 - 께 속했네 만 열방은
모 든 권 세 주 께 있 네
왕 의 왕 다 - 스리시네 북한은 주 - 께 속했네 만 열방은
주 님 나 라 이 곳 에 서 리

예수께서 나아와 일러 가라사대 하늘과 땅의
모든 권세를 내게 주셨으니 그러므로
너희는 가서 모든 족속으로 제자를 삼아 아버지와 아들과
성령의 이름으로 세례를 주고 나가 너희에게
분부한 모든 것을 가르쳐 지키게 하라
볼찌어다 내가 세상 끝날까지 너희와 항상
함께 있으리라 하시니라

(마 28 : 18 - 20)

17

메마른 뼈들에 생기를

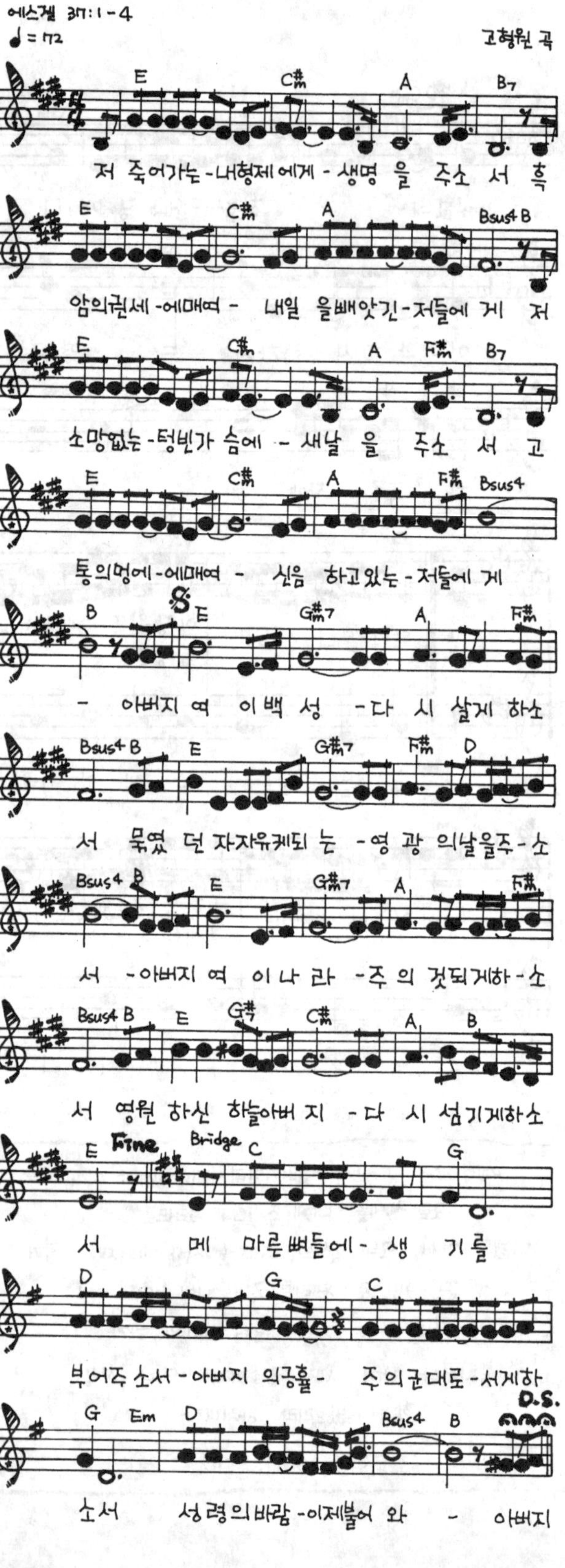
에스겔 37:1-4
♩=172
고형원 곡
E C#m A B7
저 죽어가는-내형제에게-생명 을 주소 서 흑
E C#m A Bsus4 B
암의권세-에매여- 내일 을빼앗긴-저들에 게 저
E C#m A F#m B7
소망없는-텅빈가 슴에 - 새날 을 주소 서 고
E C#m A F#m Bsus4
통의멍에-에매여- 신음 하고있는-저들에 게
B E G#m7 A F#m
- 아버지 여 이백 성 -다 시 살게 하소
Bsus4 B E G#m7 F#m D
서 묶였 던 자자유케되 는 -영 광 의날을주-소
Bsus4 B E G#m7 A F#m
서 -아버지 여 이 나 라 -주 의 것되게하-소
Bsus4 B E G# C#m A B
서 영원 하신 하늘아버 지 -다 시 섬기게하소
E Fine Bridge C G
서 메 마른뼈들에- 생 기 를
D G C
부어주 소서 -아버지 의긍휼- 주의군대로-서게하
G Em D Bsus4 B D.S.
소서 성령의바람 -이제불어 와 - 아버지

18

비전(국악버전)

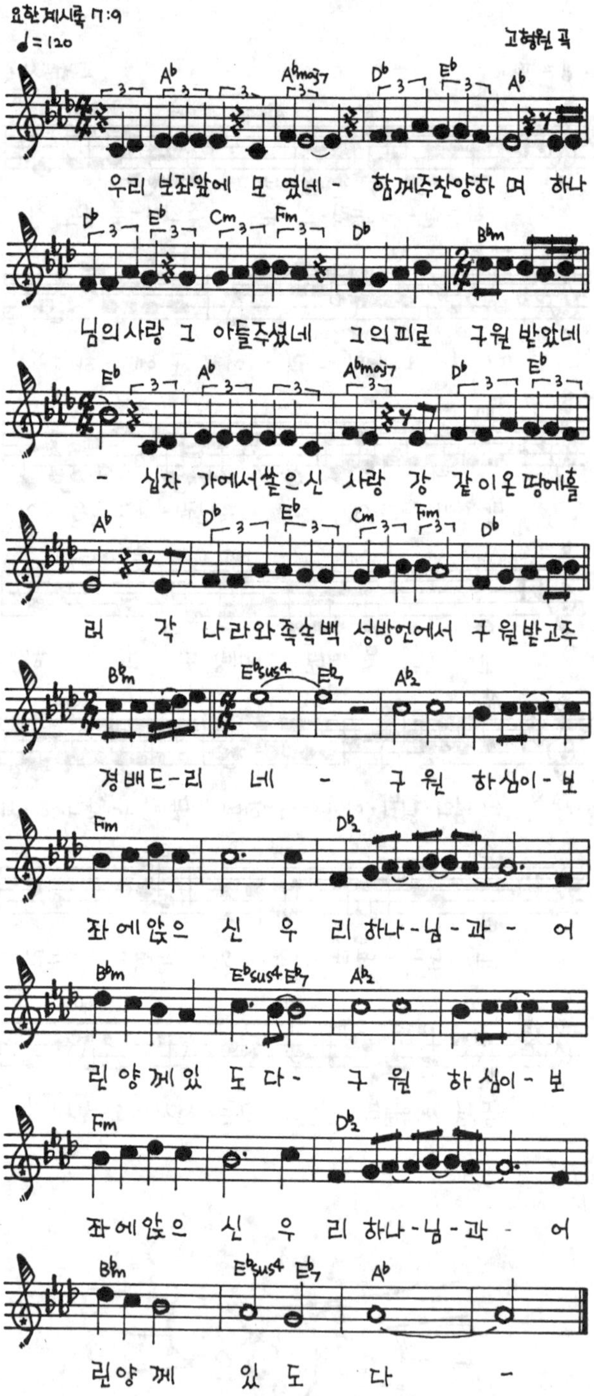
요한계시록 7:9
♩=120
고형원 곡
A♭ A♭maj7 D♭ E♭ A♭
우리 보좌앞에 모 였네- 함께주찬양하 며 하나
D♭ E♭ Cm Fm D♭ B♭m
님의사랑 그 아들주셨네 그의피로 구원 받았네
E♭ A♭ A♭maj7 D♭ E♭
- 십자 가에서쏟으신 사랑 강 같이온땅에흘
A♭ D♭ E♭ Cm Fm D♭
러 각 나라와족속백 성방언에서 구 원받고주
B♭m E♭sus4 E♭7 A♭2
경배드-리 네 - 구 원 하심이-보
Fm D♭2
좌에앉으 신 우 리 하나-님-과 - 어
B♭m E♭sus4 E♭7 A♭2
린양께있 도 다- 구 원 하 심이 - 보
Fm D♭2
좌에앉으 신 우 리 하나-님-과 - 어
B♭m E♭sus4 E♭7 A♭
린양 께 있 도 다 -

▪ 새 노 래 ▪

새 노래로 여호와께 찬송하라 대저 기이한 일을 행하사
그 오른손과 거룩한 팔로 자기를 위하여 구원을 베푸셨도다
여호와께서 그 구원을 알게 하시며 그 의를 열방의 목전에 명백히 나타내셨도다
저가 이스라엘 집에 향하신 인자와 성실을 기억하셨으므로
땅의 모든 끝이 우리 하나님의 구원을 보았도다
온 땅이여 여호와께 즐거이 소리할지어다 소리를 발하여 즐거이 노래하며 찬송할지어다

(시편 98 : 1-4)

19
형제가 연합하는 것

Graham Kendrick
두란노 번역
G   Em7   Am7
1. 형 제 가 연 합 하 - 는 것
2. 예 수 안 에 하 나 - 됨 이
Am7   C/D   D7   C   G
- 어 찌 - 그 리 - 선 합 지요 -
- 강 물 - 처 럼 - 깊 도 - 다 -
G C/D   G   Em7   Am7
새 벽 의 이 슬 과 - 같 고
아 버 지 와 아 들 - 안 에
Am7   C/D   D7   G
- 보 배 로 운 - 기 름 - 과 같 - 도 다 -
- 영 원 한 생 - 명 의 - 축 복 - 이 라 -
C D   G   Em7
선 하 고 - 선 하 다 -
Am7   C/D
우 리 하 - 나 되 - 어 평 화 를 이 - 룰 때
C/D   G   Em7
- 선 하 고 - 선 하 다 -
Am7   D   C   C/D   G
사 랑 으 - 로 연 - 합 하 는 것 -

20
지극히 높으신 주님 안에

21
강하고 담대하라 II

22

나의 모습 나의 소유

Claire Cloninger
& Don Moen
두란노 번역

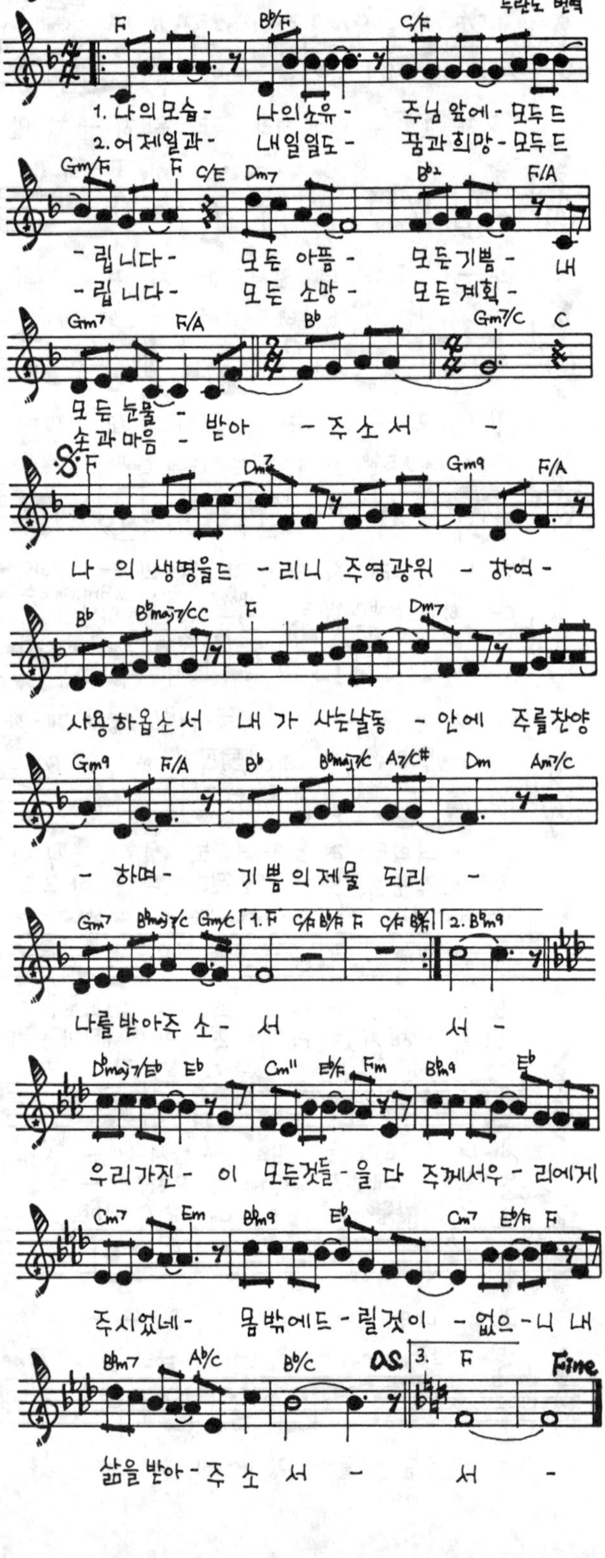

23

거절 당한 자녀들과

With feeling

Graham kendrick
두란노 번역

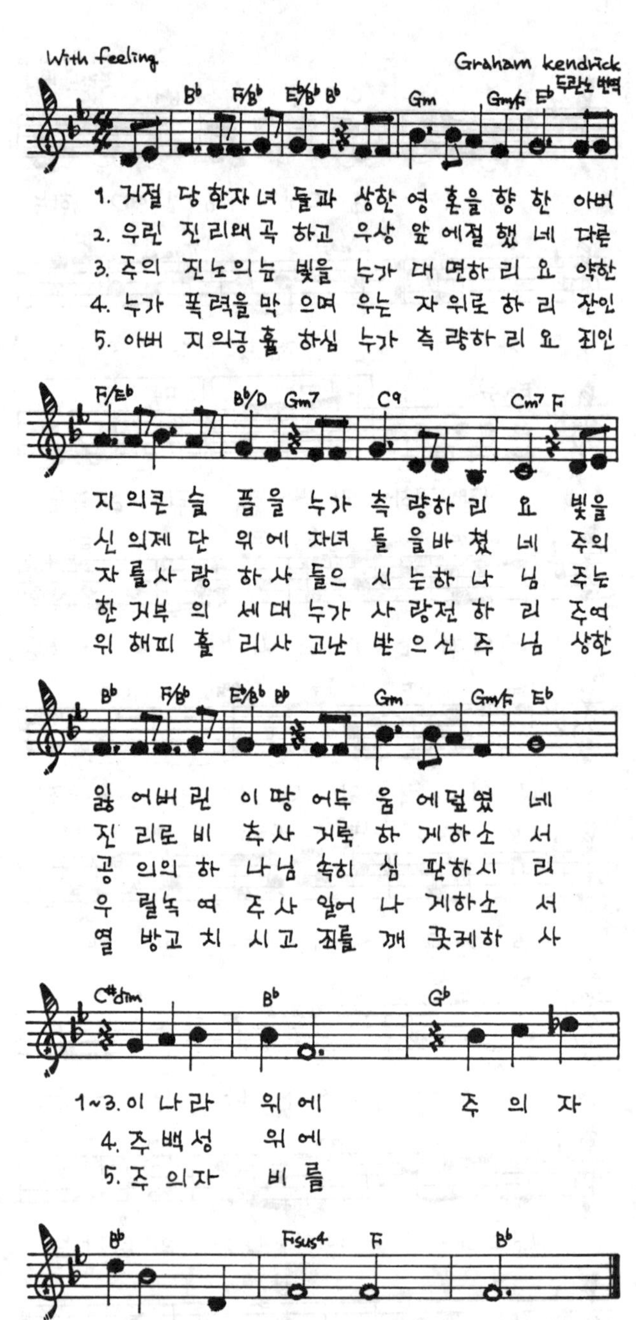

24
주님과 같이 날 위해

25
너의 이름을 새롭게 하리라

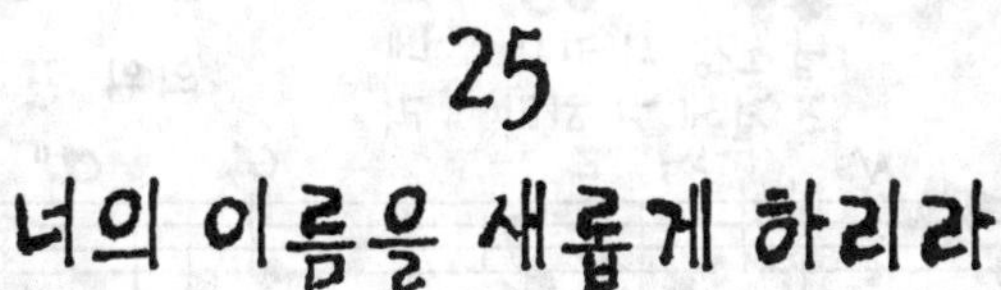

26
우리를 위해 찢기셨네

27

주 내 안에 이루시는

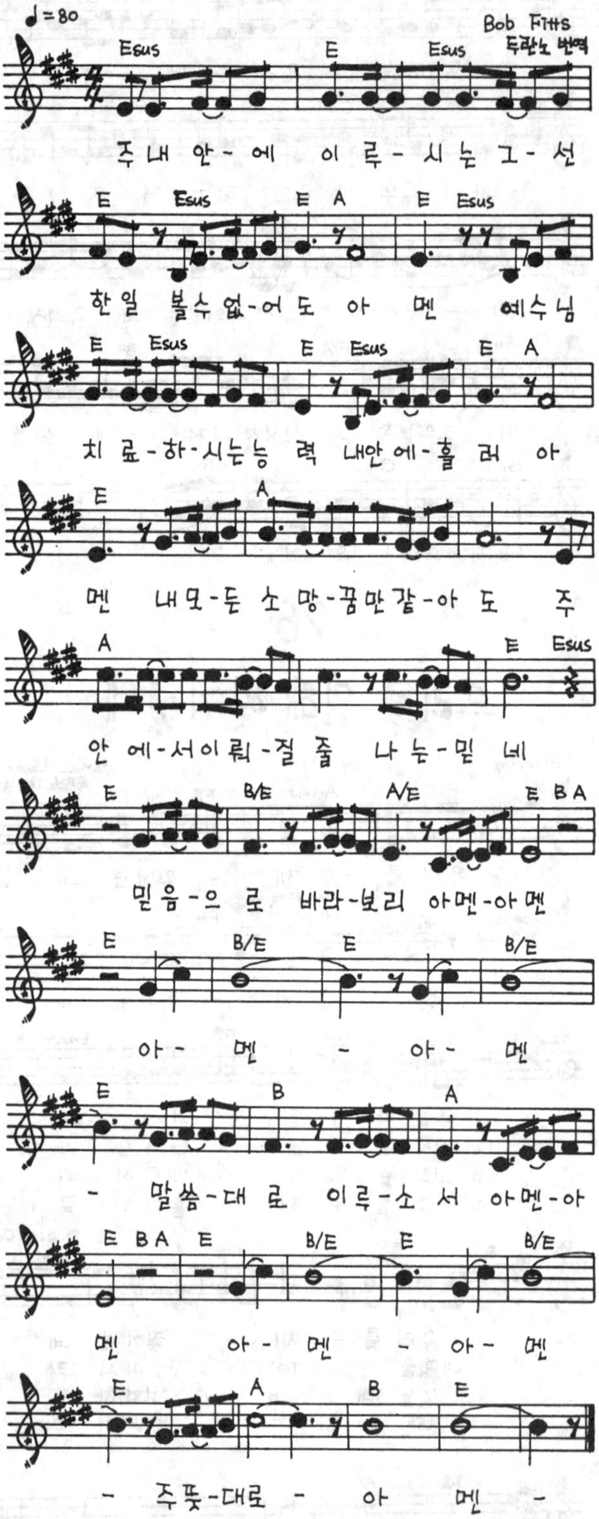
♩=80
Bob Fitts
두란노 번역
주 내 안-에 이 루-시는 그-선
한일 볼수 없-어 도 아 멘 예수님
치 료-하-시는능 력 내안에-흘 러 아
멘 내모-든 소 망-꿈만같-아 도 주
안 에-서이뤄-질 줄 나 는-믿 네
믿음-으 로 바라-보리 아멘-아멘
아- 멘 - 아- 멘
- 말씀-대 로 이루-소 서 아멘-아
멘 아-멘 - 아- 멘
- 주뜻-대로 - 아 멘 -

28

주 나의 목자

Andy Park
두란노 번역
1. 주 나-의 목자 나부족함 없으리
2. 내 원수목 전에 상을베푸 시-고
푸른 초 장에 날누이시 며
기름부으 시니 내잔넘치 네
쉴만한물 가로 날인 도하 시-고
주님의선 하심 정녕 날따 르리니
날소생 시키시 네 의의 길-로
주 곁에거 하리 라
날인도하 시-고 고 통 중-에
날이끄시 네 아무런 해-를
두려워 하-지 않 음은 주나를 안-위
하심이 라 주나를 안-위
하 심 이 라

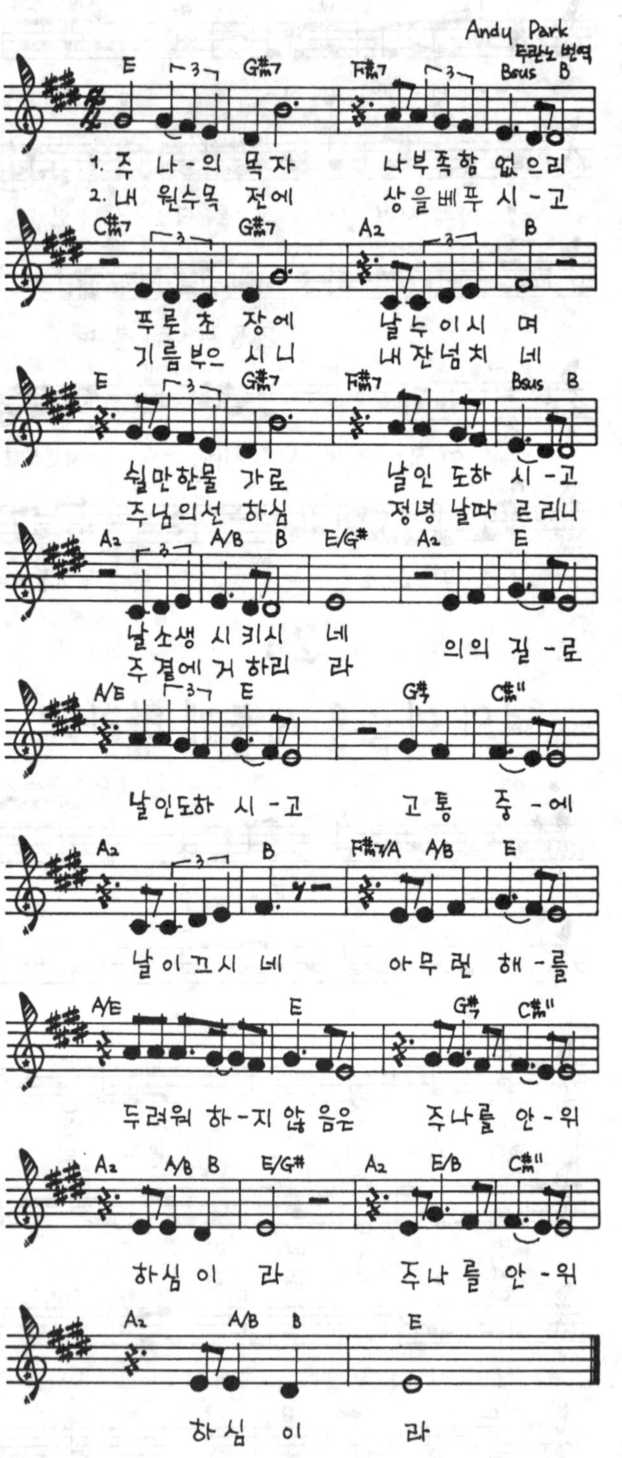

▪ 경배와 찬양 ▪

이십 사 장로들이 보좌에 앉으신 이 앞에 엎드려

세세토록 사시는 이에게 경배하고 자기의 면류관을 보좌 앞에 던지며 가로되

우리 주 하나님이여 영광과 존귀와 능력을 받으시는 것이 합당하오니

주께서 만물을 지으신지라 만물이 주의 뜻대로 있었고 또 지으심을 받았나이다

(요한계시록 4 : 10-11)

29
마태복음 6장
차용운 곡

C A7 Dm -7 Dm7/G G
공중 에 나눈새-를보 - - -라-심지 도 않고거두지도

Csus4 C Am Am7 Fmaj7 Adim7/Eb
않 고- 창고 에 거둬 들이지도 아니하되- 너희

C/E F Fm7 G C A7
천부께서기-르 시 나 니-들에 핀 백합화가어떻

Dm -7 Dm7/G G Csus4 C
- - -게-자- 라 눈지생-각해 보 라-수고

Am Am7 Fmaj7 Adim7/Eb C/E F
도 아니 하고길쌈 도아니하되 솔로 몬의 영-광도 이꽃

Dm Dm/G G S C Am Fmaj7 G
보다못-하리 먼저 그의 나 -라 와-

C F/C C C Am
의 를 구하 라 - 그 리 하면 이

Dm G C F C
모든 것을- 더 하 시리 라 -
Fine

Ab Bb/Ab Eb/G Cm
무얼먹을까무 -얼 마-실까 무얼 입을까하 -지 말 라

Dm D7/F# G G/B
이건다세상-사 람들이 - 구하는 것이-니 -
D.S.

30
광대하신 주님
Todd Pettygrove
예수전도단 번역
♩=152

C F/C Bb/C F/C
광대 하-신주 님 전능 하-신주

C F/C
님 찬란 하-게빛 난영 광으로

Bb/C F/C C
옷입 으-신주 님 광대 하-신주

F/C Bb/C F/C C
님 전능 하-신주 님

F/C Bb/C F/C C Fine
찬란 하-게빛 난영 광으로 옷입 으-신주 님

Bb F C Bb F C
주의이름높 -이 며- 주은혜 찬양 -

Bb F C
우릴구 원하 -신 주-통치

Bb G
하 -시 네 -

31 쉼터

32 나를 만지시네

33 생명

34
나 비록 가진 것 없으나
Andante
유상렬 사·곡
나 비록 가진것없으 -나- -내 힘만 으로 살수없-으
나 우리 주예수 나와 동 행할때- 그
누구도- -부럽지 않으리- - 지난날어두웠던
순 간- -내 자신만을고 -집-했 네 우리
주예수내게 임하셔서 -내 모든것을바 꾸셨 네
나 비록가진것없 으 -나- 내 힘 만으로 - 살수 없으
나 나의주하나 - 님 - 크신
그 사 랑으 - 로 -나 영 - 원하누 리 리

35
시편 1편
시편 1편
김만진 사·곡
복 있 는 사람은 - 악인의 꾀를 좇지 아니하며-
죄인의길 에 - 서 지아 니 하며 오
만 한 자리 에 - 앉 지아 니 하며-
오 직여호와의 율법 을- 주 야로 묵상하는자로 다
- 저는 시 냇 가 에심 은 나무 가
- 시절을 좇 아 - 과실 맺으 며
- 그 잎 사 귀가 마 르지 않음 같으
니 그 행 사가 형 통 하리로 다 -

악인은 그렇지 않음이여 오직 바람에 나는 겨와 같도다.
그러므로 악인이 심판을 견디지 못하며 죄인이 의인의 회중에
들지 못하리로다. 대저 의인의 길은 여호와께서
인정하시나 악인의 길은 망하리로다.
(시 1:4-6)

36

사랑은 I

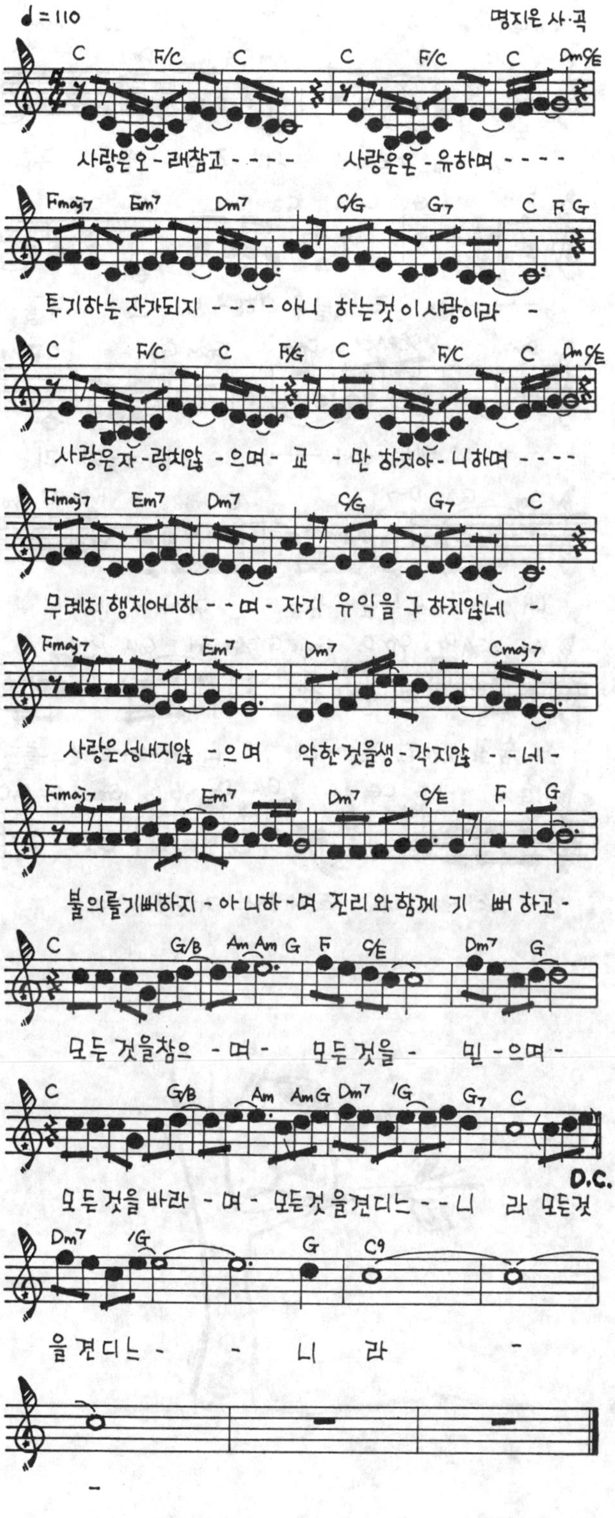
♩=110
명지은 사·곡
사랑은오-래참고---- 사랑은온-유하며----
투기하는 자가되지 ----아니 하는것이사랑이라 -
사랑은자-랑치않-으며-교 -만 하지아-니하며----
무례히 행치아니하--며-자기 유익을 구하지않네 -
사랑은성내지않 -으며 악한것을생-각지않 --네-
불의를기뻐하지-아니하-며 진리와함께 기 뻐하고-
모든것을참으 -며- 모든것을- 믿-으며-
D.C.
모든것을 바라 -며- 모든것을견디느--니 라 모든것
을견디느- - 니 라 -
-

37

나의 몸을 드려요

안계성 사·곡
나의몸을드려요 주님 - 말로다표현할수없어 서
나의몸을 드려요 주님 - 원하시는대로쓰시옵소 서
자 매 들이 주님 께 형 제 들이-주님 께
우 리는모두 다-- 주님께바치운자 라

38

있는 모습 그대로

있는모습 그 대로- 있는모습 그 대로-
있는 모 습 그 대로- 오 시 오
하나님은 당 신이- 있는모 습 그 대로-
있는 모 습 그 대로 오시길 원 하십니 다

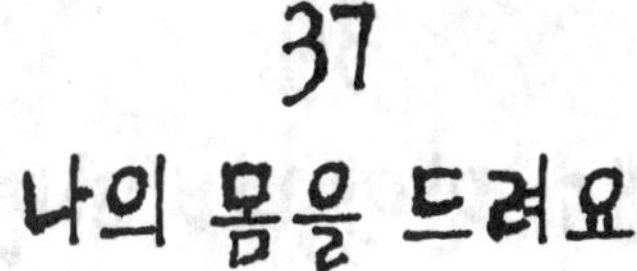

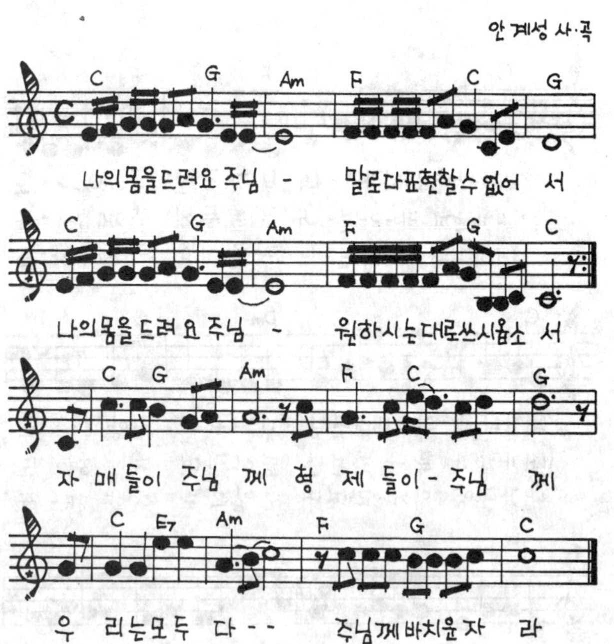

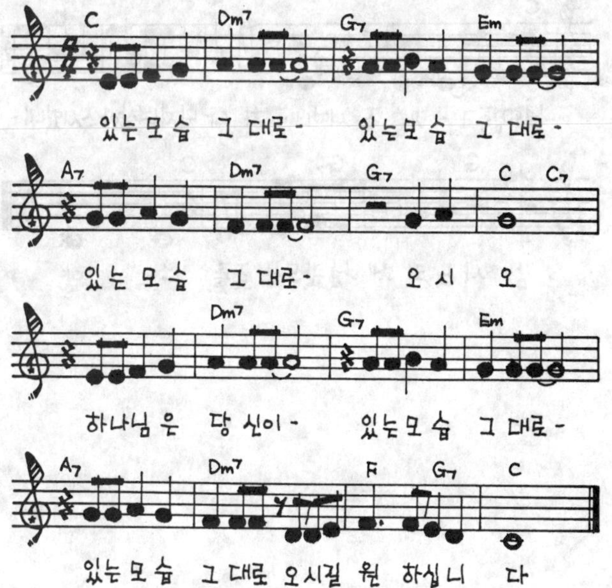

39
내가 만약 나비라면

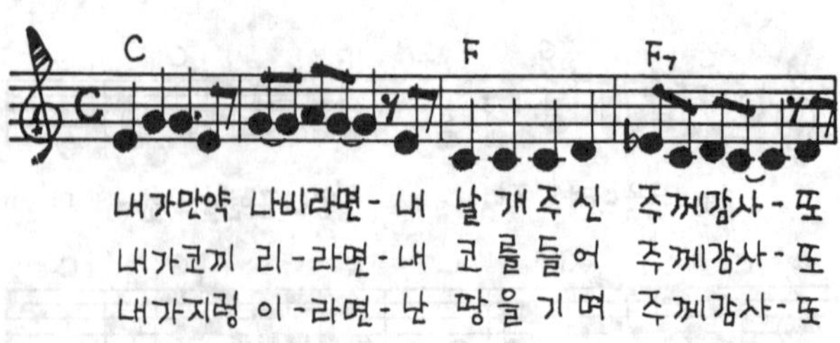

40
날 돌아보소서

41

왕의 왕 되신 주

여상원 사·곡

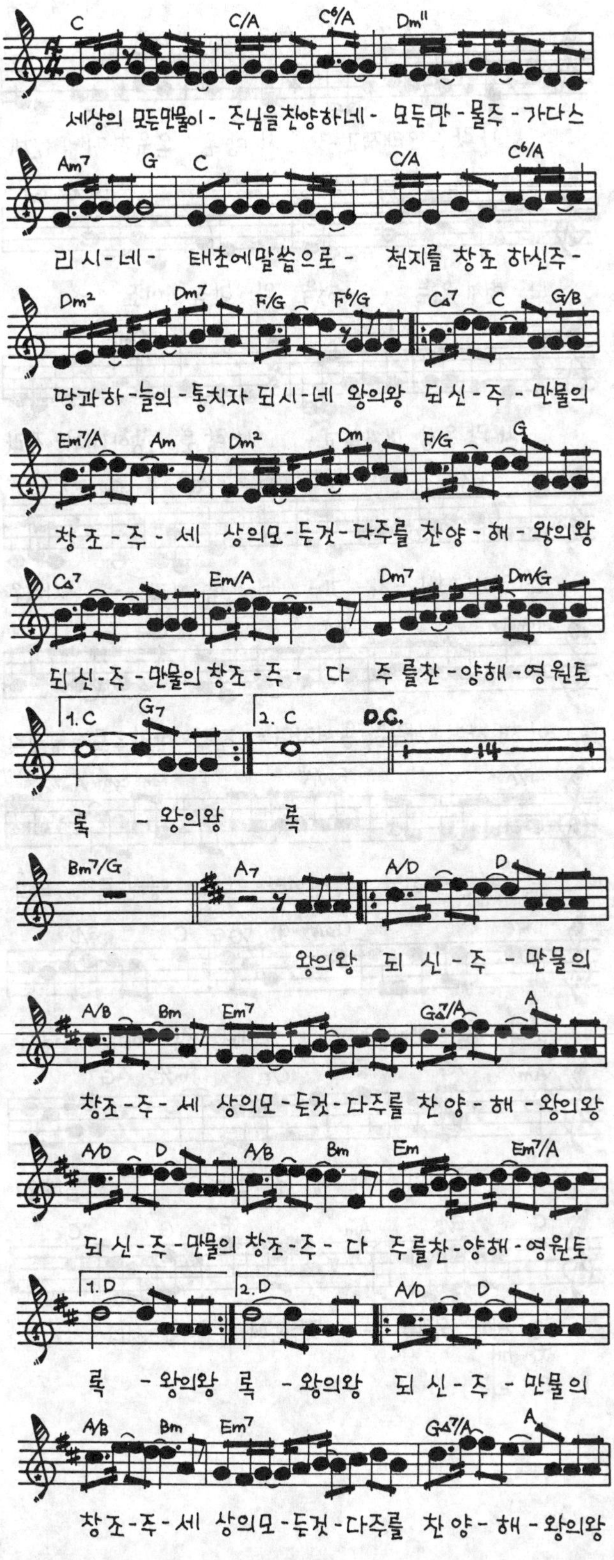

42

내가 산 향해

Baian Doerk
예수전도단 번역

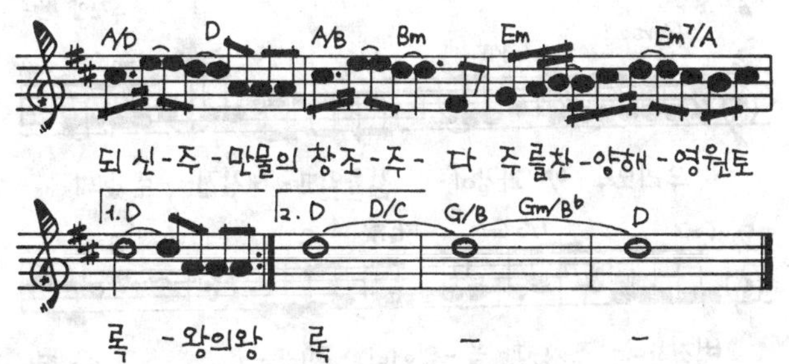

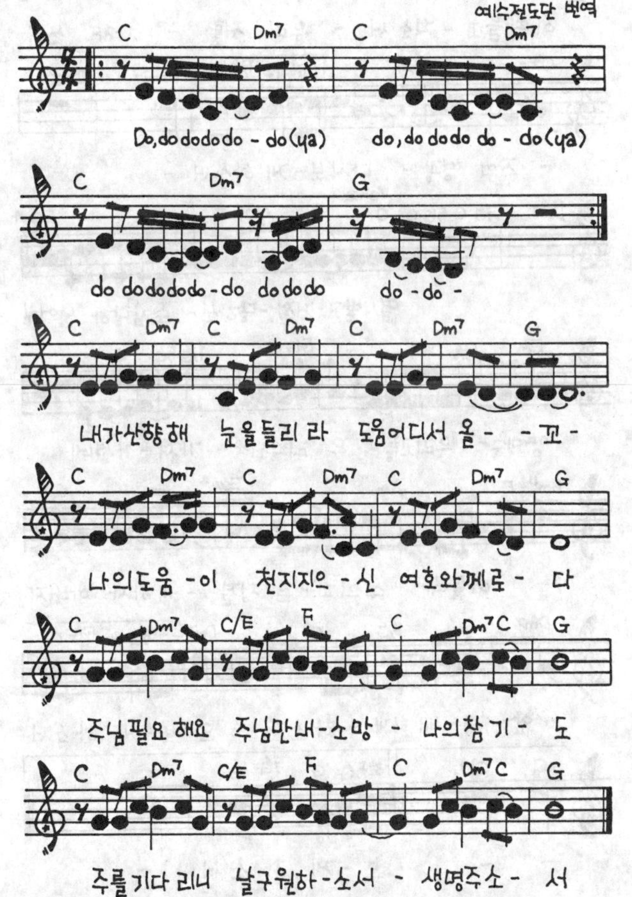

43
우리 모두 양과 같이

Don Moen
주찬양 번역

♩=84

44
사랑은 II

박기남 사·곡

45

어두운 세상에

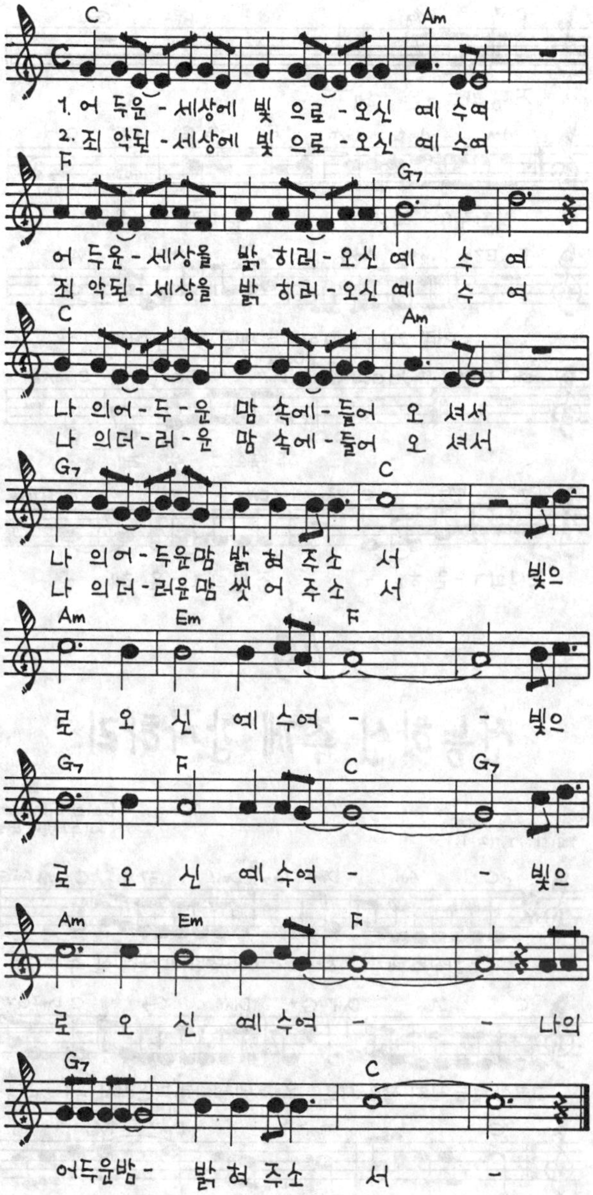

참빛 곧 세상에 와서
각 사람에게 비취는 빛이
있었나니
(요 1:9)

46

예수 나의 가장 큰 이름

나명박 사·곡

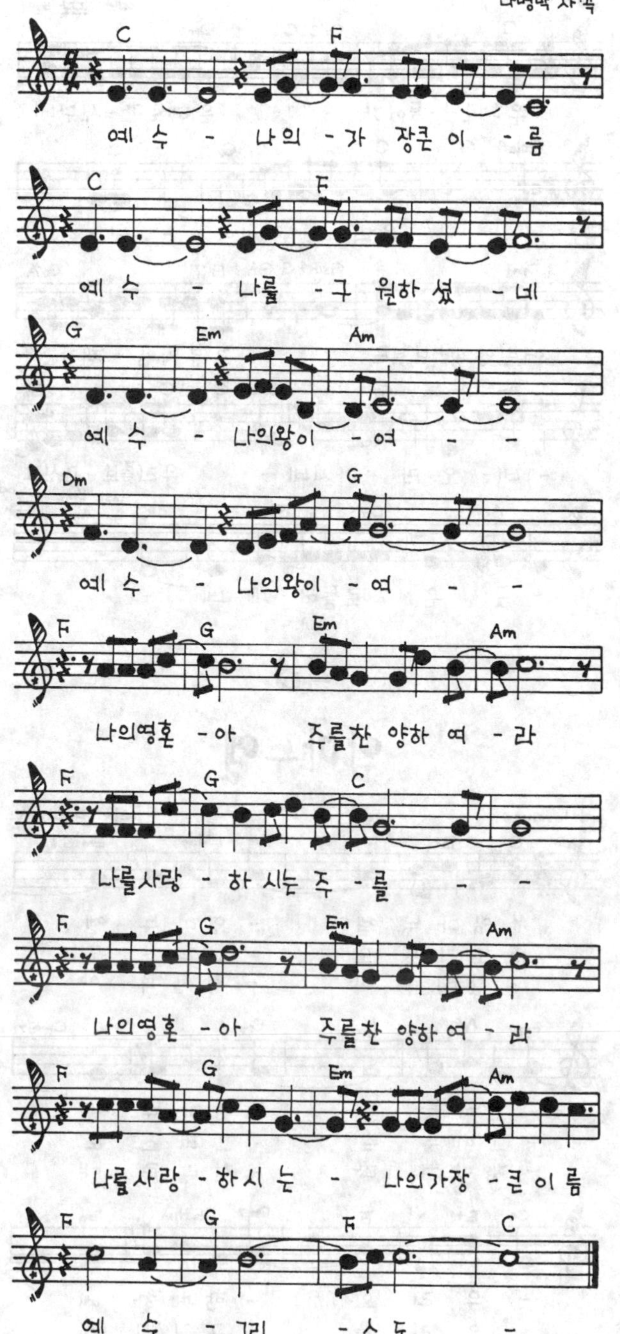

47
은혜로만

48
임마누엘

49
전능하신 주께 감사하리

50
이상한 기쁨

51
주님은 나의 사랑

52
모든 근심을 맡기네

Kelly Willard
모통이돌 번역

53
우리 모두 소리 높여

정종원 사·곡

54
주와 같은 이

Pete Sanchez, Jr.
두란노 번역

55
천사들이 찬양하며

56
하나님의 사랑

57
주님의 영광 여기 임하사

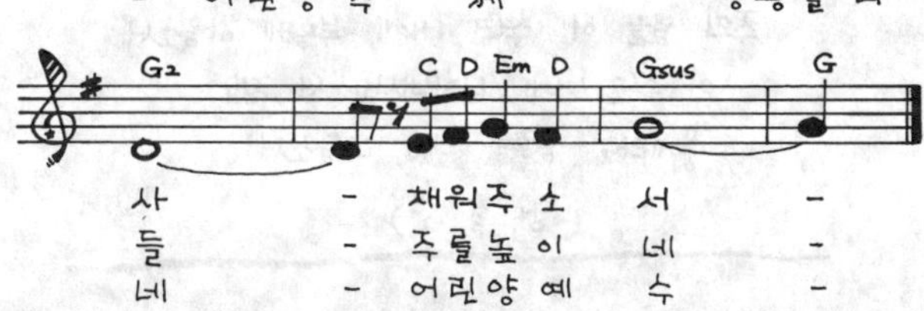

58
기대
천강수 사곡

주 안에 우린 하나 모습은 달라도 예수님 한
분만 바라네 사랑과 선행으로 서로를 격려
해 따스함으로 보듬어 가리 주님 우리 안에
함께하시니 형제자매의 기쁨과 슬픔는 끼네
네 안에 있는 주님 모습 보네 그분 기뻐하시네
주님 우릴 통해 계획하신 일
부족한 입술로 찬양 하게하신 일 주님 우릴 통해
계획하신 일 너를 통해 하실 일 기대 해

여호와여 내가 주께 대한 소문을 듣고
놀랐나이다 여호와여 주는
주의 일을 이 수년 내에 부흥케 하옵소서
이 수년 내에 나타내시옵소서 진노
중에라도 긍휼을 잊지 마옵소서
(합 3:2)

59
부흥 2000
♩=72
고형원 사·곡

오소서 진리의 성령님 이 땅 흔들며 임
하소서 거짓과 탐욕 죄 악에 무너진
우리 가슴 정케하소서 오소서 은혜의 성령님
하늘 가르고 임 하소서 거룩한 불꽃 하늘
로 서 임하사 타오르게 하소서 주영광위 해
부흥의 불길 타오르게 하소서 진리
의 말씀 이 땅 새롭게하소 서 은혜의 강물 흐르게
하소서 성령의 바람 이 땅 가득 불어 와
흰 옷 입은 주의 순결한 백성 주의
영광 위해 이제 일어 나 열 방을 치유하
며 행진하는 영 광 의 그 날을 주 소 서

60

가라 너 주의 용사여

Mark Altrogge
두란노 번역

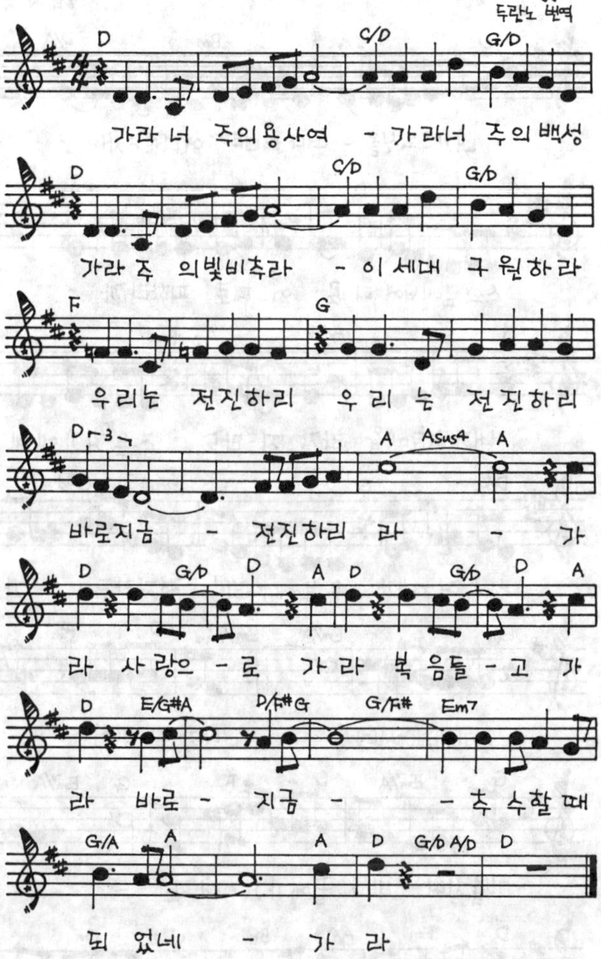
가라 너 주의 용사여 - 가라 너 주의 백성
가라 주 의 빛 비추라 - 이 세대 구원하라
우리는 전진하리 우리는 전진하리
바로지금 - 전진하리 라 - 가
라 사랑으 - 로 가라 복음들 - 고 가
라 바로 - 지금 - - 추 수할 때
되 었네 - 가 라

61

나의 영혼이 주를 찬양함은

나명박 사·곡

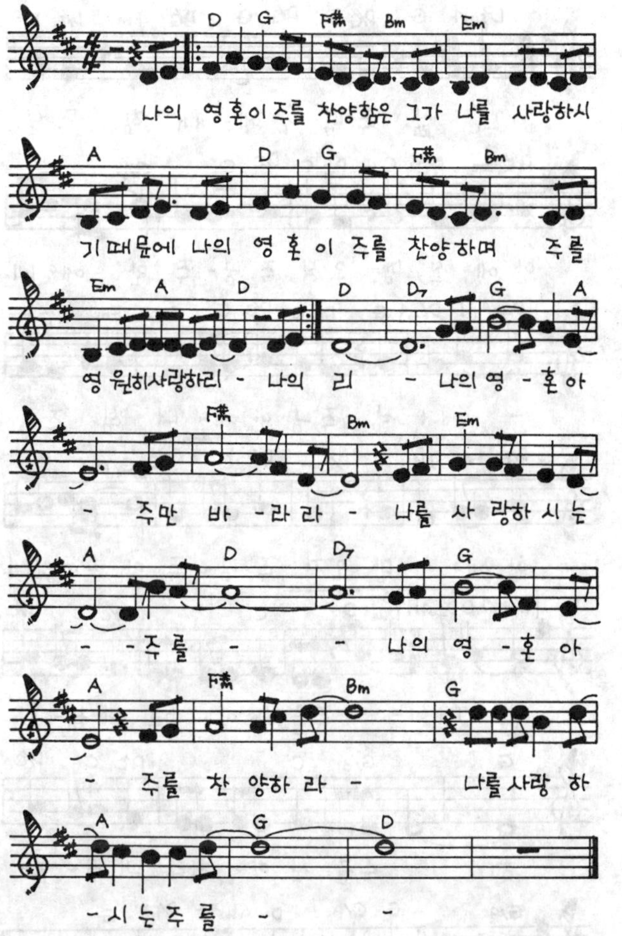
나의 영혼이 주를 찬양함은 그가 나를 사랑하시
기 때문에 나의 영 혼 이 주를 찬양하며 주를
영 원히 사랑하리 - 나의 리 - 나의 영 - 혼 아
- 주만 바 - 라라 - 나를 사 랑하 시는
- - 주를 - - 나의 영 - 혼 아
- 주를 찬 양하 라 - 나를 사랑 하
- 시는 주 를 - -

62

거룩하신 주

계 4:18
사 118:28

Stephen Hah

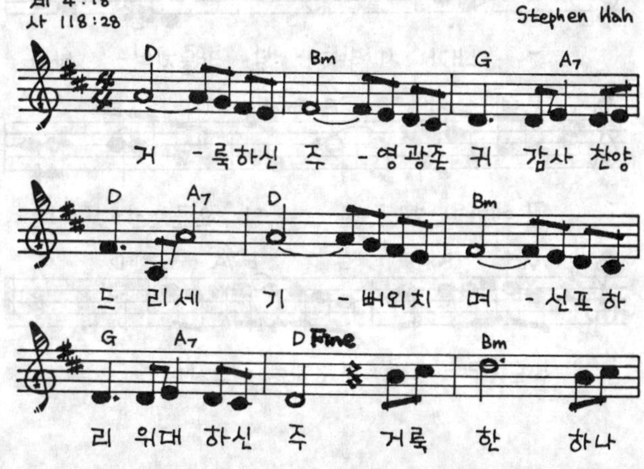

거 - 룩하신 주 - 영광존 귀 감사 찬양
드 리세 기 - 뻐외치 며 - 선포 하
리 위대 하신 주 거룩 한 하나
님 높임 을 - 받으소 서 영원
히 영원 히 주이 름 - 송축하 리
Fine
D.C. al Fine

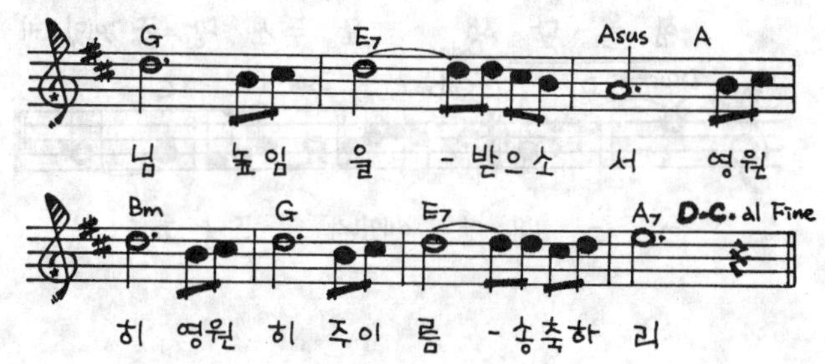

63

내 삶 주님 안에

♩=160

Daniel Gardner

64

시편 139편

차용운 사·곡

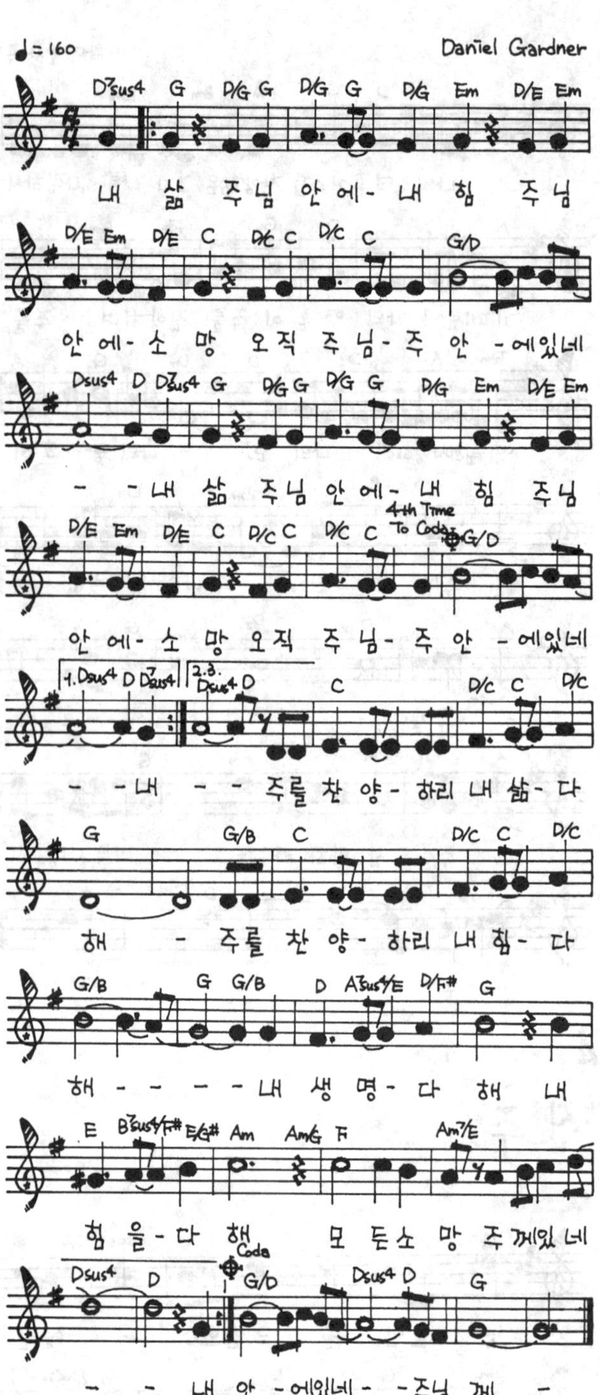

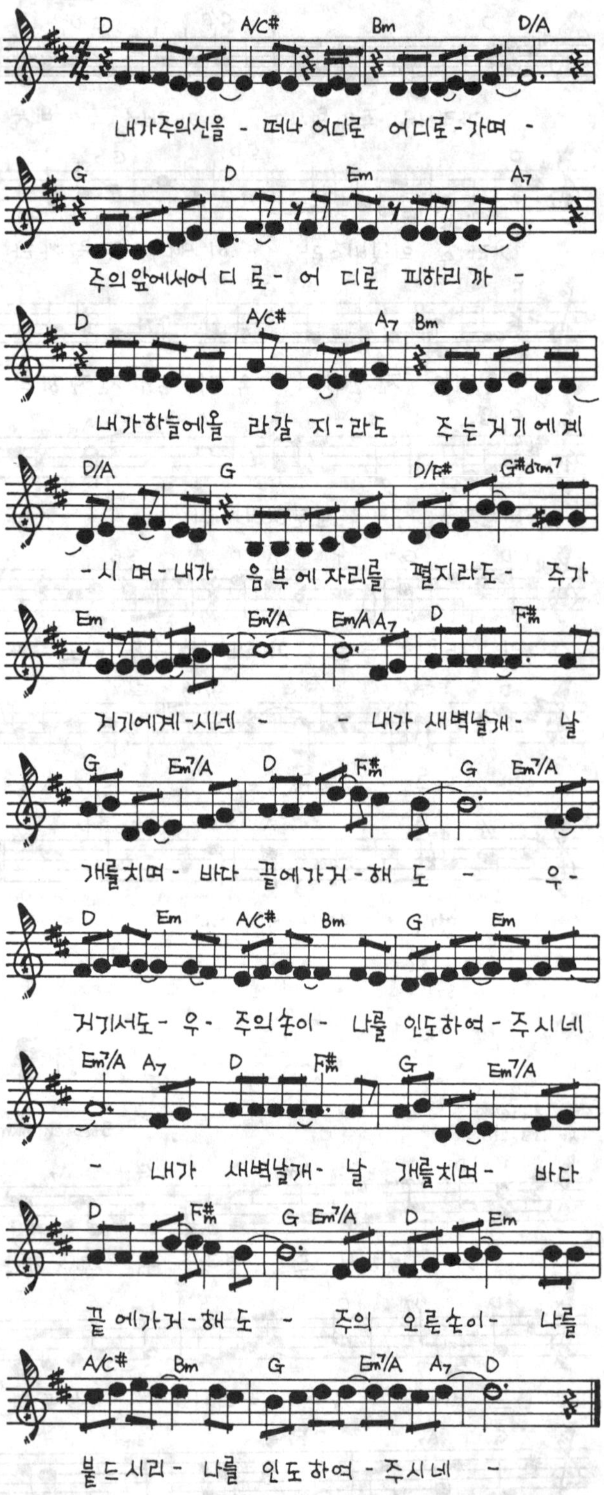

65
내 생에 가장 귀한 것

Mark Pendergrass
두란노 번역

66
내가 무엇을 가지고

67
너 어디 가든지

Stephen hah

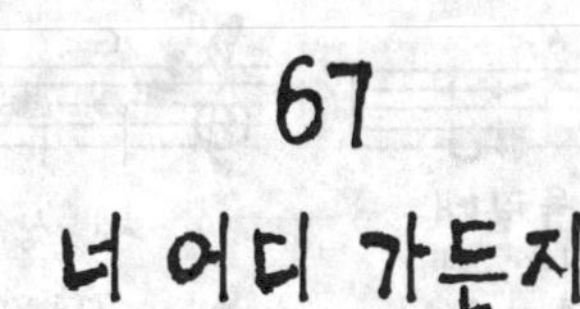

68
주께 능치 못할 일 없네

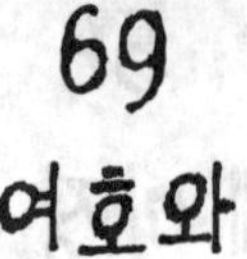

69
여호와

70
종소리 울릴 때

71

예수 하나님의 공의

♩= 82

Geoff Bullock
두란노 번역

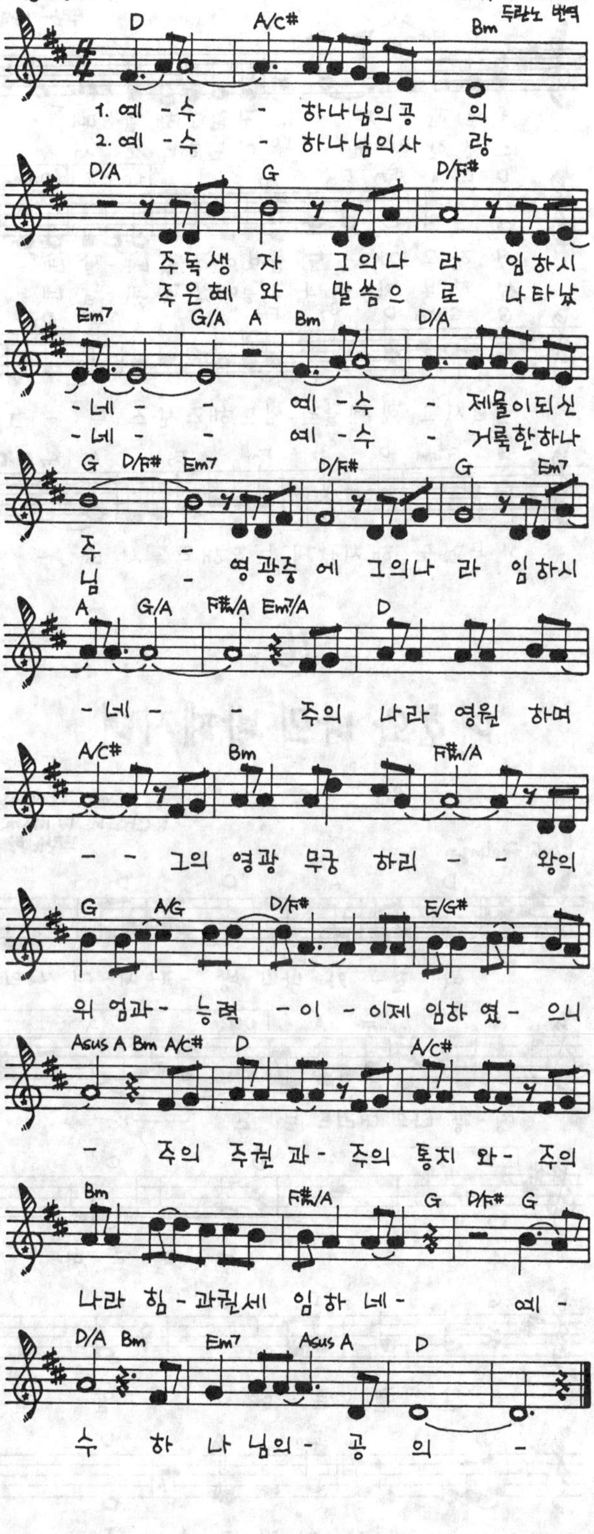

72

보좌 위의 주 어린양

With awe

Dave Bilbrough
두란노 번역

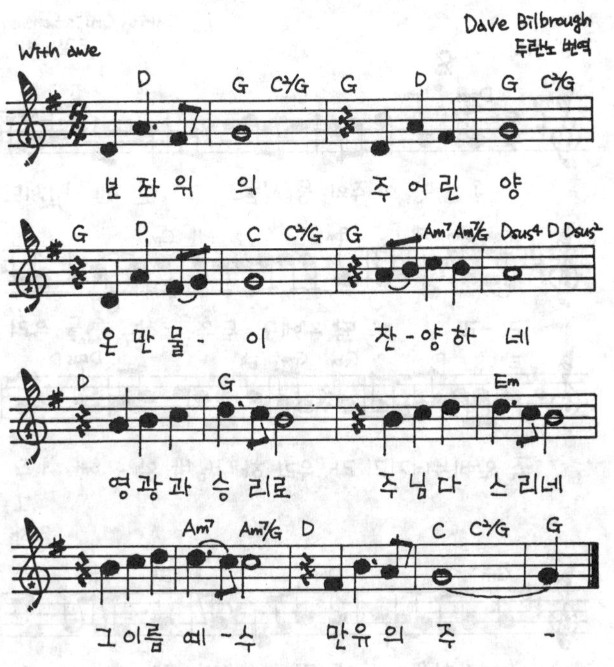

73

사랑의 주님 닮기 원하네

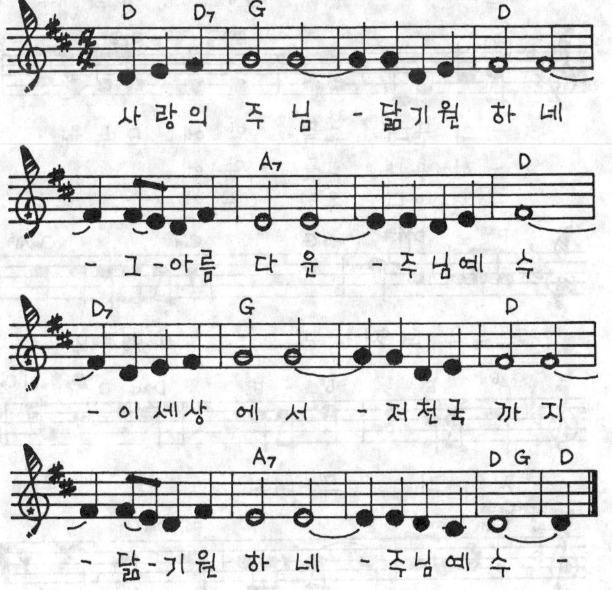

74

온 땅이 주의 음성 듣고

Chris Christensen
두란노 번역

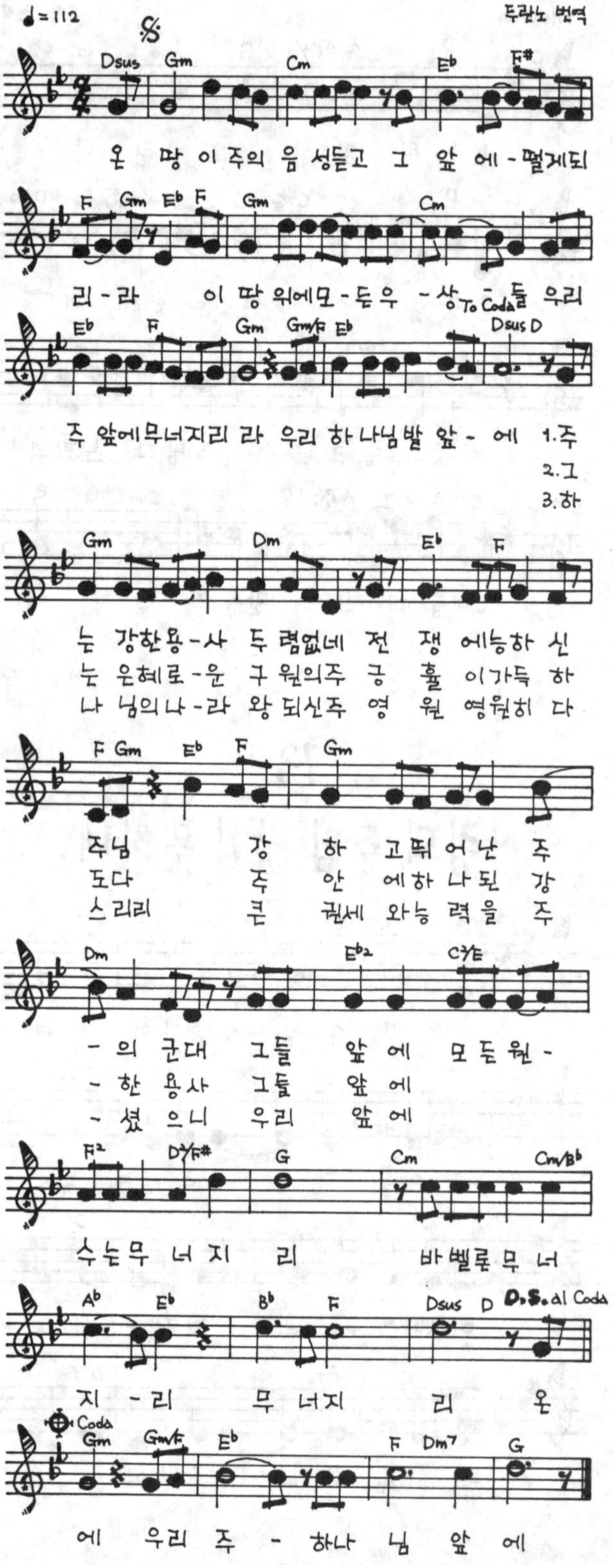
♩=112
온 땅 이 주의 음 성듣고 그 앞 에 - 떨게되
리 - 라 이 땅 위에모 - 든우 - 상 - 들 우리
To Coda
주 앞에무너지리 라 우리 하 나님발 앞 - 에 1.주
2.그
3.하
는 강한용 - 사 두 렴없네 전 쟁 에능하 신
는 은혜로 - 운 구 원의주 긍 휼 이가득 하
나 님의나 - 라 왕 되신주 영 원 영원히 다
주님 강 하 고뛰어난 주
도다 주 안 에하 나된 강
스리리 큰 권세 와능 력을 주
- 의 군대 그들 앞 에 모 든 원 -
- 한 용사 그들 앞 에
- 셨 으니 우리 앞 에
수는무 너 지 리 바벨론무 너
D.S. al Coda
지 - 리 무 너지 리 온
Coda
에 우리 주 - 하나 님 앞 에

75

선한 목자

John W. Peterson
두란노 번역

1. 선 한 목 자 - 나 길 잃 고 헤 맬 때 -
2. 선 한 목 자 - 날 인 도 해 주 소 서 -
Fine
선 한 목 자 - 늘 돌 보 아 주 셨 네 - 날 네 -
선 한 목 자 - 나 그 곁 에 있 겠 네 - 날 네 -
찾 으 시 고 힘 센 팔 로 인 도 해 주 신 주 님 - 그
D.C.
아 무 것 도 해 치 잖 게 보 호 해 주 - 시 네 -

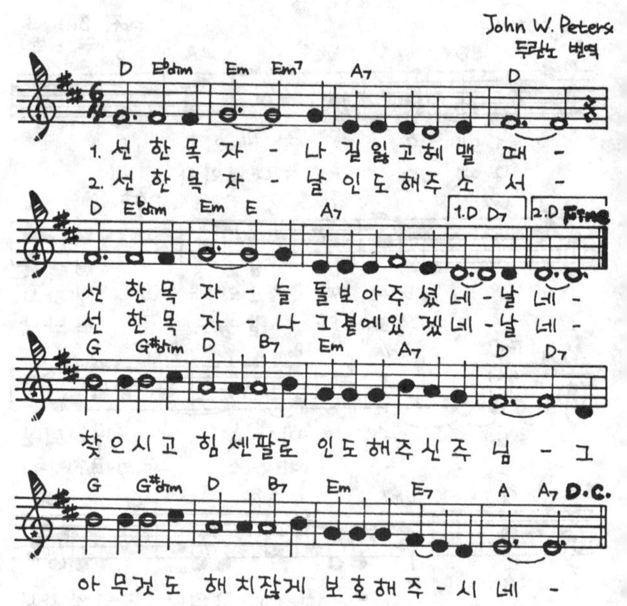

76

여호와 나의 방패시며

Don Thomas
& Charles Williams
두란노 번역

With feeling

여 호 - 와 나의 방 - 패 시 - 며 나의
영 - 광 나의 머리드 는 주 -
주 알 렐 루 - 야
알 렐 루 - 야 알 렐
루 - 야 나의 머 리 드 는 주

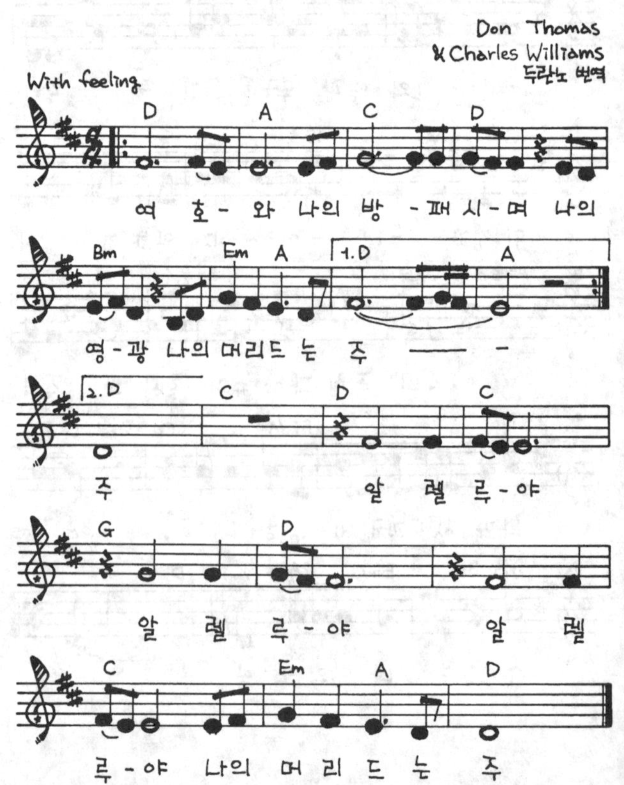

77
잃어버린 양
♩ = 120
Country Style
최성규 사·곡
잃어버린양 -을- 찾으려 --가 자 해늘
가 파른 바위 -산- 올라가 --보 자 거치
저 물고 --날 은 어두 -워도 --
론 들판 --을 지 나가 -보자 --
아흔아홉마 -리- 우 리 에있 --는 데 어린
깊은 계곡아 -래- 내 려가 --보 자 작은
한 마리 -늘어 -디에 -서울 -고있 --을까 -
웅 덩이 -에내 -어린 -양빠 -져있 --구나
나의 손 잡아 라 내 어 린양 -아 -
이제 아 무거 -정 - 말 아라 - --
내어깨 - 위 에 타 라나 -의 어 린양 -아
이젠 집 으로 -돌 -아 가자 -

78
예수 귀하신 이름
Gently
Naida Hearn
1. 예 수 - 귀하신 이 름 - 아 -름
2. 성령 님 - 놀라운 이 름 - 아 -름
3. 하나 님 - 사 랑의 이 름 - 아 -름
다 운 - 영광의 주 - - 임
다 운 - 위로의 주 - - 임
다 운 - 권능의 주 - - 임
마 누 엘 - 함께하 시 는 - 은 혜의
마 누 엘 - 함께하 시 는 - 거 룩하
마 누 엘 - 함 께하 시 는 - 전능하
구 주 - 말씀이 라
신 주 - 보혜사 라
신 주 - 여호와 라

80
예수 사랑해요
Judith Butler
& Paul Hemmingway
두란노 번역
Fairly slow
예 수사 랑 해요 나 주 께경 배 드리며
예 수사 랑 해요 주의 이 름높 이 리
1. 전능 하신주님 - 그 크신사랑 -
2. 영원 하신주님 - 그 보좌위에
D.C. al Fine
태 초부터영 - 원히 변함이없네 -
왕 으로좌정 - 하사 다스리시네 -

79
영원한 사랑으로
렘 31:3
영원한 사 랑으로 너를사랑 했 노라 -그래
서 인자- 함으로 너를 인 -도 인도 했노라

81
정결한 맘 내게 주소서

Mary Rice Hopkins
두란노 번역

82
외치세 기쁨과 승리

Unknown
두란노 번역

83
존귀하신 여호와 하나님

Karen Eagan
두란노 번역

84
존귀 어린양 예수

Author unknown
예수전도단 번역

85
땅끝에서

시 73:25,26
마 24:14
사 52:7,8

♩=94

고형원 곡

86
주와 죽으면

Dale Garratt
예수전도단 번역

주와 죽으면 - 주와함 -께 살겠네 - - 또견디면
- 주님과 -다 스리리 - 왕과 제사장 -되어주롤섬 -기

며 -다스리 리 -주와함 께 주와 며 다스리
리 -주와함 께 —— 다스리 리 -영원토 록

87
주 네맘에

88
주여 이 땅을 고쳐 주소서

Stephen Hah

89
주만 사랑합니다

Eddie Espinosa
두란노 번역

90
주여 우릴 보내시려면

91
주의 이름 회복 하옵소서

92

찬양의 제사 드리며

Kirk Dearman

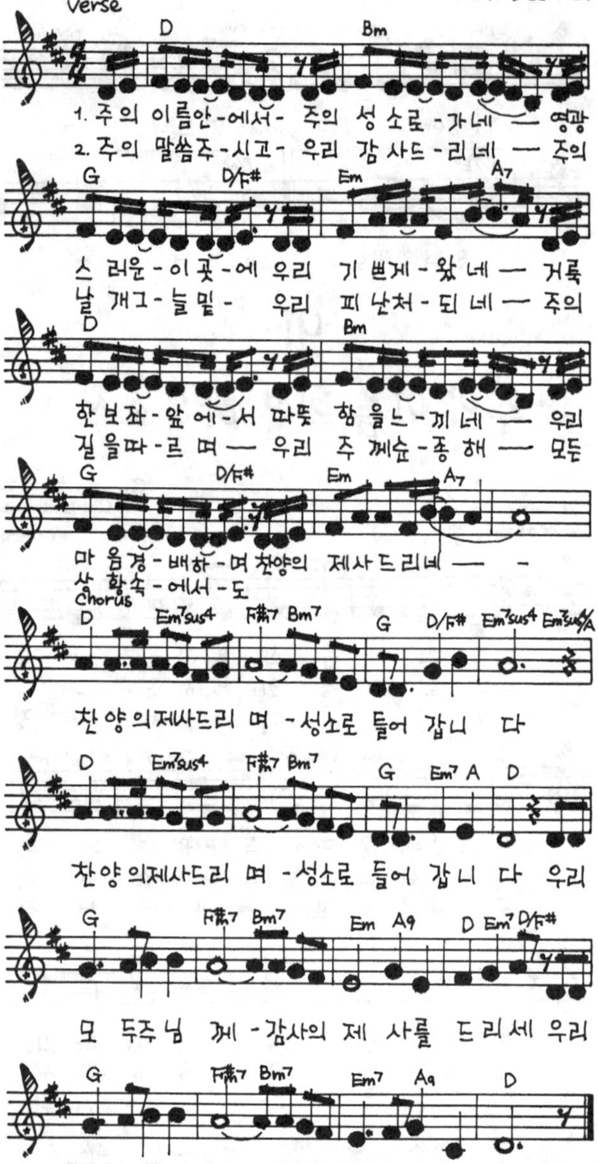
♩= 96
Verse
1. 주의 이름안-에서- 주의 성 소로-가네 — 영광
2. 주의 말씀주-시고- 우리 감 사드-리네 — 주의
스 러운-이곳-에 우리 기 쁘게-왔네 — 거룩
날 개그-늘밑- 우리 피 난처-되네 — 주의
한 보좌-앞 에-서 따뜻 함 을느-끼네 — 우리
길을따-르 며 — 우리 주 께순-종 해 — 모든
마 음경-배하-며 찬양의 제사드리네 — -
삶 항속-에서-도
Chorus
찬양의제사드리 며 -성소로 들어 갑니 다
찬양의제사드리 며 -성소로 들어 갑니 다 우리
모 두주님 께 -감사의 제 사를 드리세 우리
모 두주님 께 -기쁨의 제 사드 리 네

93

주의 생수 내게 넘치소서

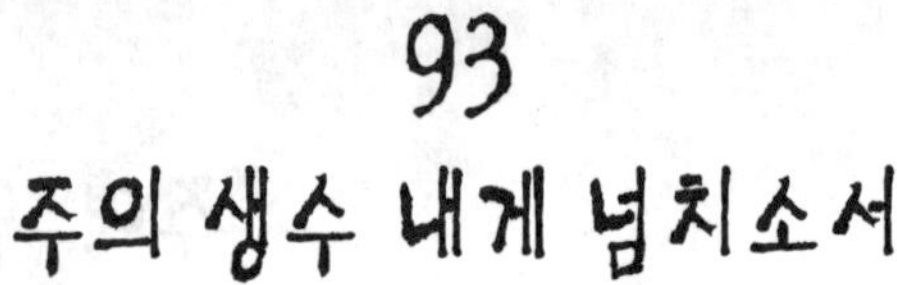

John Watson
두란노 번역

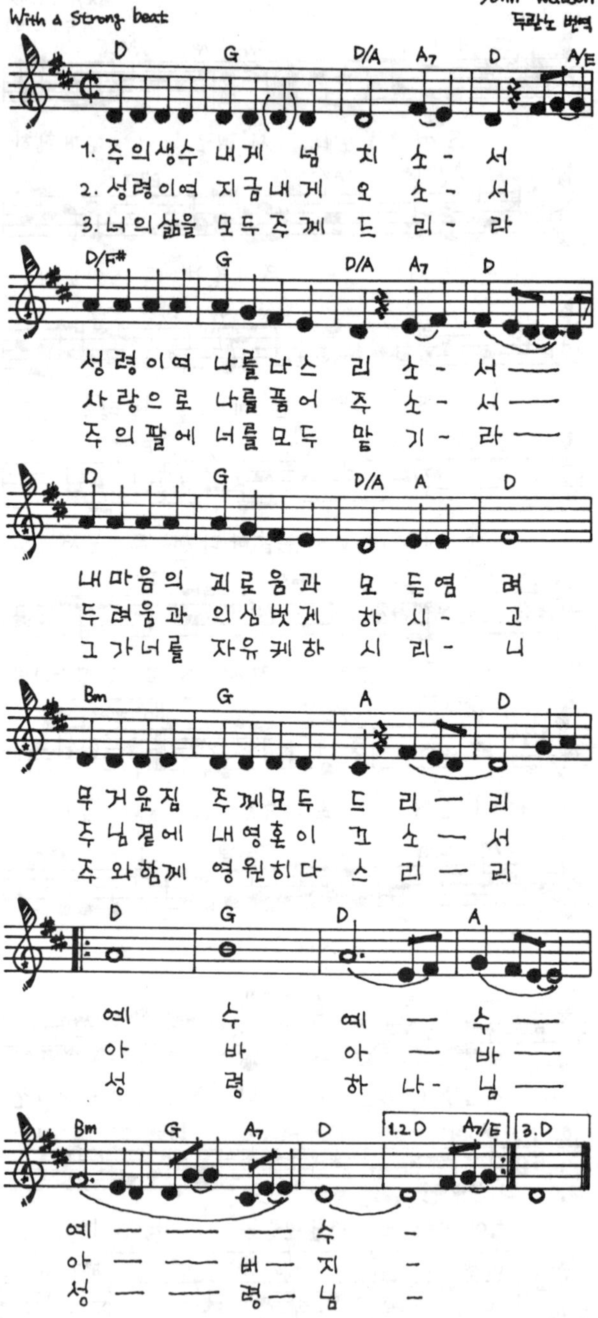
With a Strong beat
1. 주의생수 내게 넘 치 소 - 서
2. 성령이여 지금내게 오 소 - 서
3. 너의삶을 모두주께 드 리 - 라
성령이여 나를다스 리 소 - 서 —
사랑으로 나를품어 주 소 - 서 —
주의팔에 너를모두 맡 기 - 라 —
내마음의 괴로움과 모 든염 려
두려움과 의심벗게 하 시 - 고
그가너를 자유케하 시 리 - 니
무거운짐 주께모두 드 리 — 리
주님곁에 내영혼이 끄 소 — 서
주와함께 영원히다 스 리 — 리
예 수 예 — 수 —
아 바 아 — 바 —
성 령 하 나 - 님 —
예 — — — 수 -
아 — — 버 — 지 -
성 — — 령 — 님 -

할렐루야 내 영혼아 여호와를 찬양하라
나의 생전에 여호와를 찬양하며 나의 평생에 내 하나님을 찬송하리로다.
(시 146 : 1 - 2)

94

주 이름 큰 능력 있도다

Noel Richards
두란노 번역

Rocky

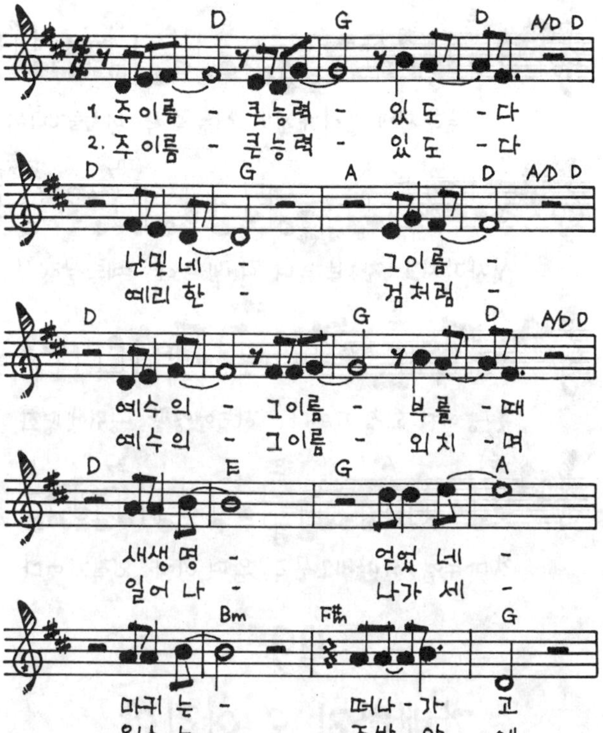

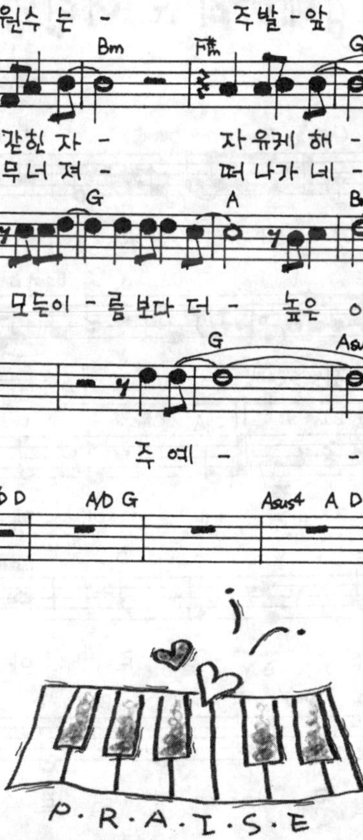

95

예수 이름이 온 땅에

♩=110
김화랑 사·곡

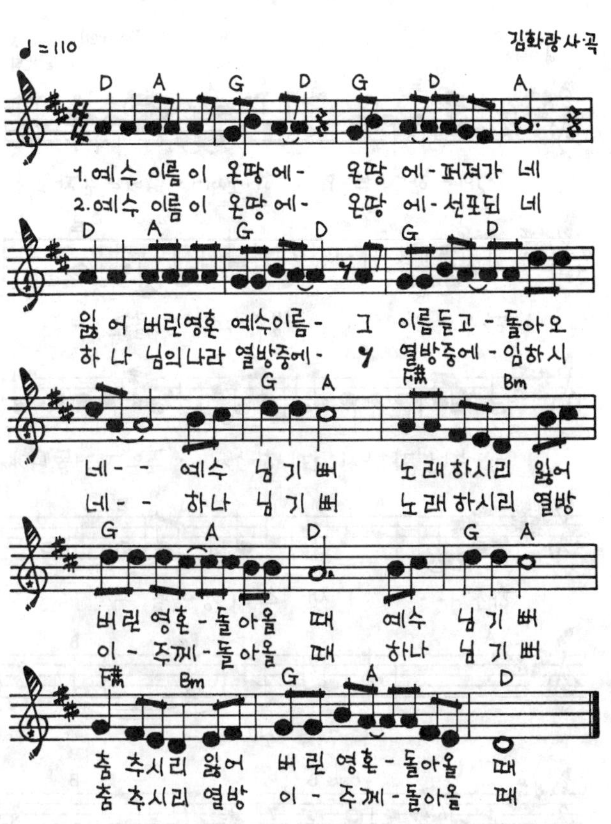

96

놀라우신 주 찬양

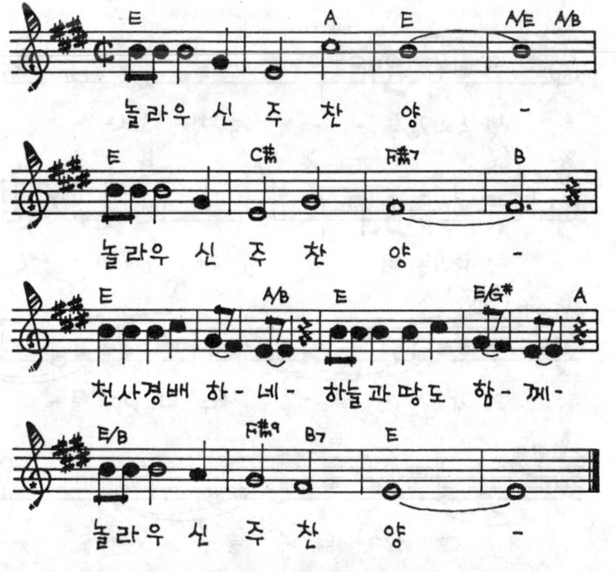

97
가난한 자 부요케 하소서

Darrell Evans
두란노 번역

가난 한 자부 요케 하소서-- 잃어버린 자 회복

하소서-- 생 수의 강 물로 -

- 눈먼 자 다시 보게 하소서-- 죽은 자 거듭 나게

하소서-- 생 수의강 물을 - -

넘 쳐주 소서 - -

생 수의강 물 -- 넘 치게 하사 -

성 령의능 력 -- 임 하 소-서 -

생 수의강 물 -- 넘 치게 하사 -

성 령의능 력 -- 임 하 소-서-생수

의 강-물 - - -생수 의 강-물-

- - - 생수 의 강-물-

98
거룩한 성에 들어 가겠네

99
경배하리 오 어린양

100
메마른 뼈들에 생기를

에스겔 37:1-4
♩=72
고형원 곡

101
우리 함께 기도해

호세아 10:12
♩=72
고형원 곡

102
우리를 위해 찢기셨네

Flowing
Janet Lunt
두란노 편역

103
우리 우리 주님은

104
쉴만한 물가

105
은보다 더 귀하신

106
나의 사랑, 나의 어여쁜 자야

107
나 할 수 있는 것

108
나의 주님

109
세상 끝날까지

김현정 사
최운철 곡

110
나를 향한 주의 사랑

111
세대를 거스리면서

박덕규 사
차용윤 곡

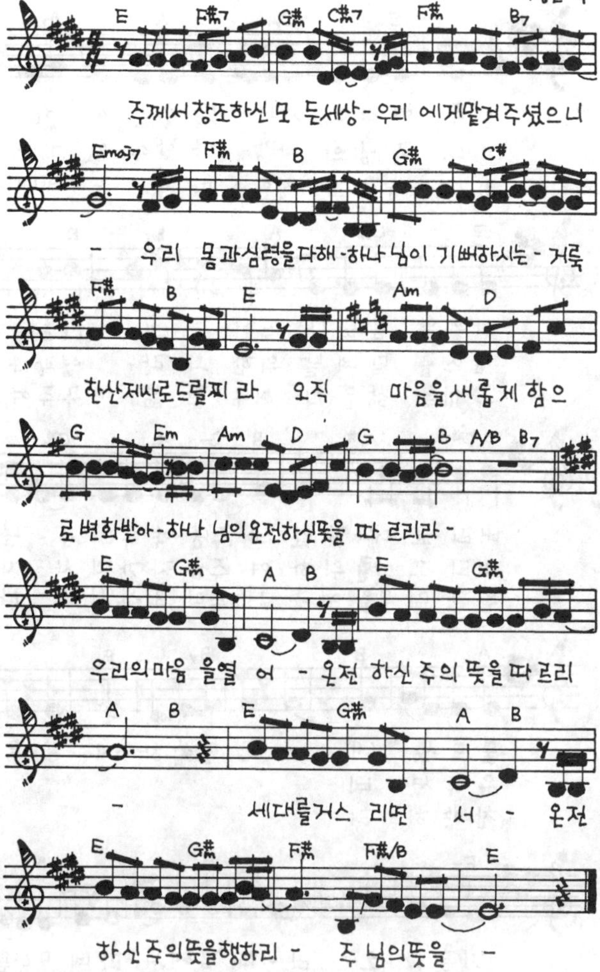
E F#m7 G#m C#m7 F#m B7
주께서창조하신 모 든세상 - 우리 에게맡겨주셨으니
Emaj7 F#m B G#m C#
- 우리 몸과심령을다해 - 하나 님이 기뻐하시는 - 거룩
F#m B E Am D
한산제사로드릴찌 라 오직 마음을새롭게 함으
G Em Am D G B A/B B7
로 변화받아 - 하나 님의온전하신뜻을 따 르리라 -
E G#m A B E G#m
우리의마음 을열 어 - 온전 하신 주의 뜻을따르리
A B E G#m A B
- 세대를거스 리면 서 - 온전
E G#m F#m F#m/B E
하신주의뜻을행하리 - 주 님의뜻을 -

112
하나님이여

안계성 사·곡

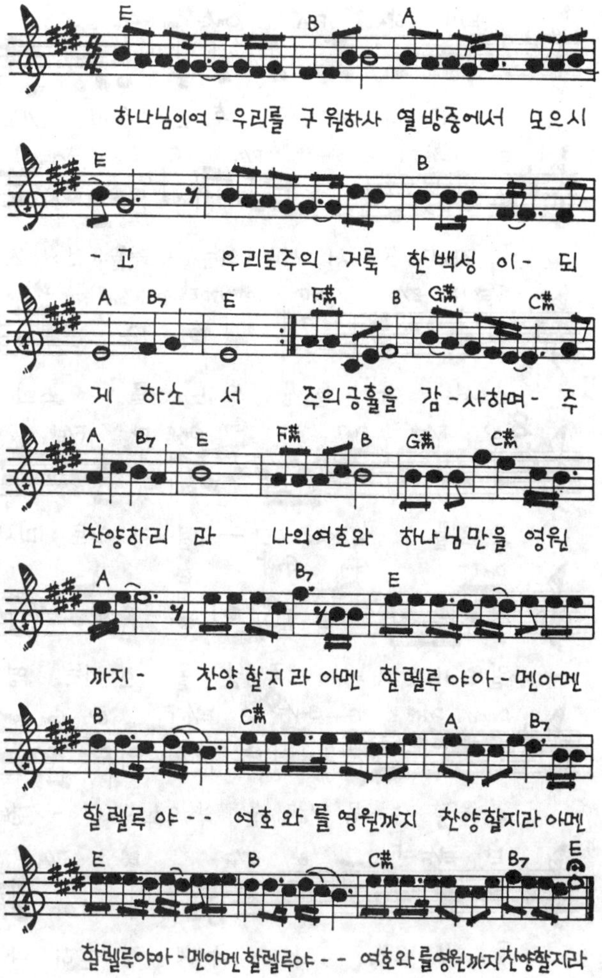
E B A
하나님이여 - 우리를 구 원하사 열 방중에서 모으시
E B
- 고 우리로주의 - 거룩 한 백성 이 - 되
A B7 E F#m B G#m C#m
게 하소 서 주의긍휼을 감 - 사하며 - 주
A B7 E F#m B G#m C#m
찬양하리 라 나의여호와 하나님만을 영원
A B7 E
까지 - 찬양 할지라 아멘 할렐루 야아 - 멘아멘
B C#m A B7
할렐루 야 - - 여호 와 를 영원까지 찬양할지라 아멘
E B C#m B7 E
할렐루야아 - 멘아멘 할렐루야 - - 여호와 를영원까지 찬양할지라

113
하나되게 하소서

♩= 112

고형원 사·곡

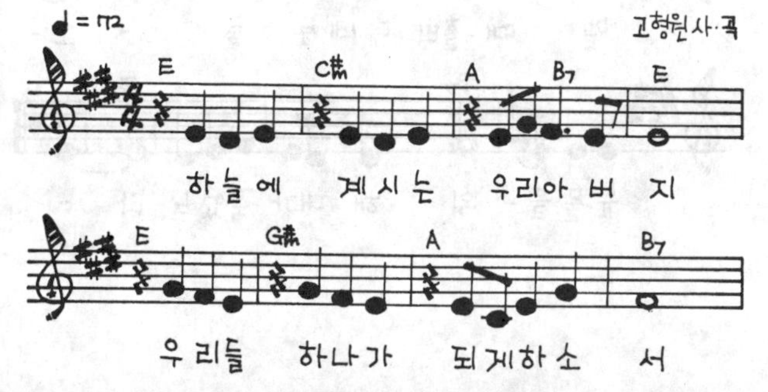

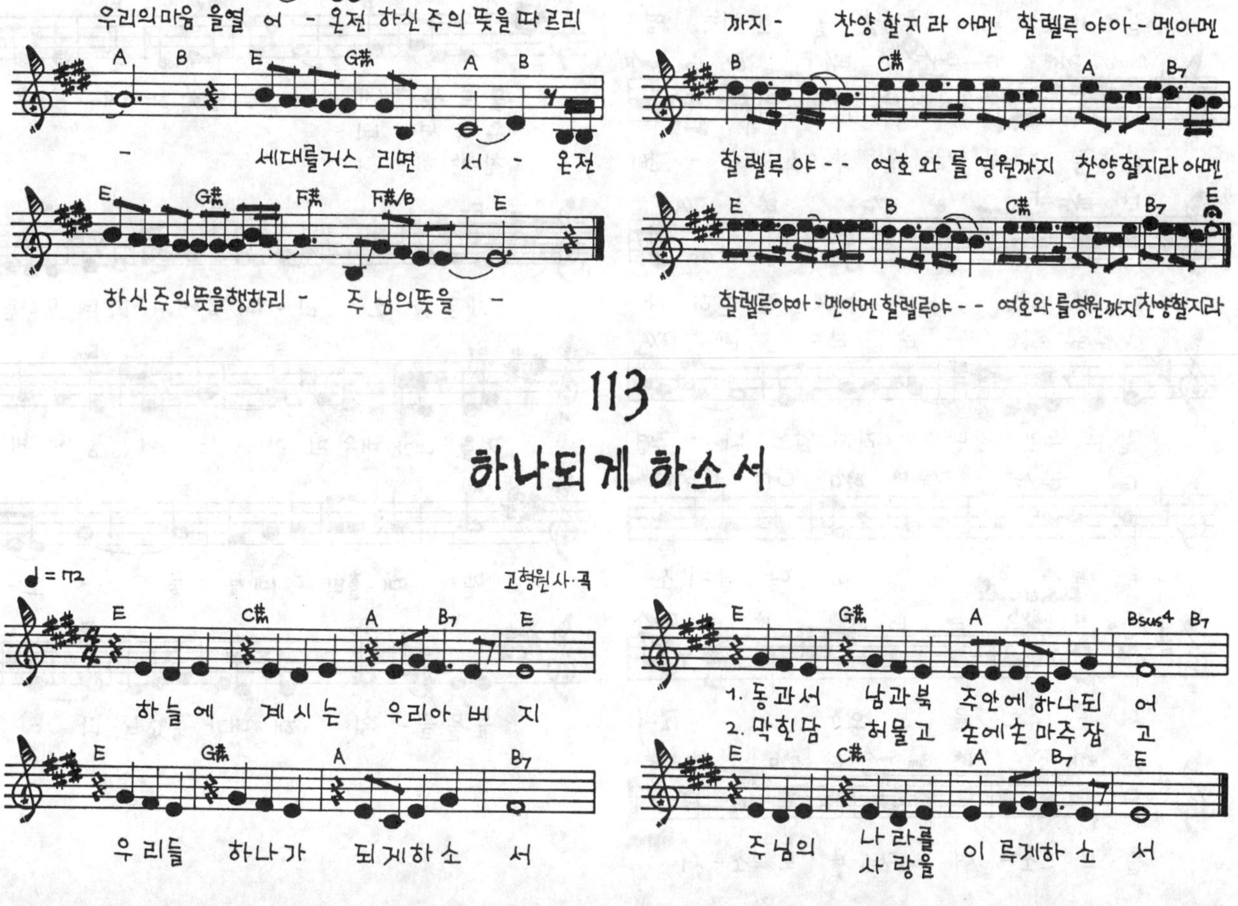
E C#m A B7 E
하늘에 계시는 우리아 버 지
E G#m A Bsus4 B7
1. 동과서 남과북 주안에 하나되 어
2. 막힌담 허물고 손에손 마주잡 고
E G#m A B7
우 리들 하나가 되게하 소 서
E C#m A B7 E
주님의 나 라를 사 랑을 이 루게하 소 서

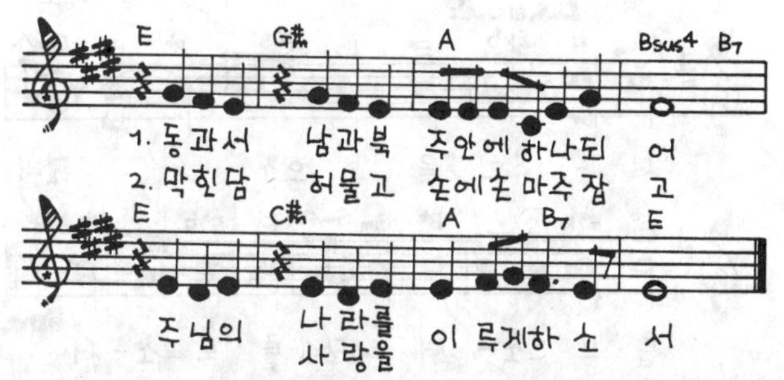

114
주여 은혜와 긍휼로

115
주 예수 오셔서

116
강하고 담대하라 II

117
주 내 안에 이루시는

118
주님의 사랑이

119
천국은 참 놀라운 곳

120
나 주 송축해

121
오직 믿음으로

하박국 2:4
♩=74

고형원 곡

1. 세상 흔들리고- 사람들은 변하-여도 나는 주를 섬-기리
2. 믿음 흔들리고- 사람들 주를 떠나-도 나는 주를 섬-기리

주님의 사랑은- 영원히 변하지- 않네 나는 주를 신뢰해
주님의 나라는- 영원히 쇠하지- 않네 나는 주를 신뢰해

오직 믿음으로- 믿음으로 내가 살리라

오직 믿음으로- 믿음으로 내가 살리라- - 오직 의인은-

믿음으로 말미암아 살리라 오직

의인은- 믿음으로 말미암아 살리라- -

122
나는 주님을 찬양하리라 II

♩=88

Rita Baloche
두란노 번역

나는 주님을- 찬양하리라-

새 -노래로- 주 찬-양 ______

나는 주님을- 찬양하리라-

새 -노래로- 주 찬양 - 찬양

- 온 맘과 - 뜻 다 하- 여서

- 주님을 - 기 뻐 하-

리 두손 을 - 높 이- 들

고서 주님을 - 경 배 하-

리 - 찬 양 -

123

나의 모습 나의 소유

Claire Cloninger
& Don Moen
두란노 번역

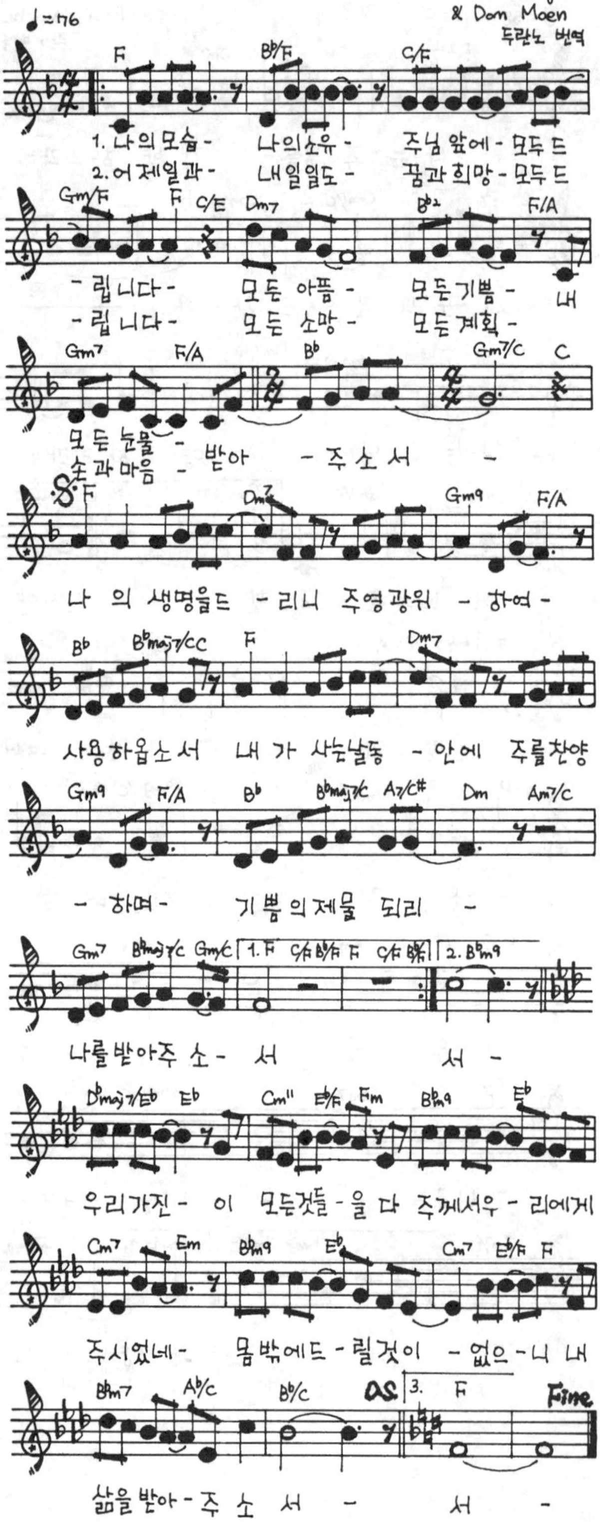
♩=176
1. 나의 모습 - 나의 소유 - 주님 앞에 - 모두 드
2. 어제 일과 - 내일 일도 - 꿈과 희망 - 모두 드
- 립니다 - 모든 아픔 - 모든 기쁨 - 내
- 립니다 - 모든 소망 - 모든 계획 -
모든 눈물 - 받아 - 주소서 -
손과 마음 -
나의 생명을 드 - 리니 주 영광 위 - 하여 -
사용하옵소서 내가 사는 날 동 - 안에 주를 찬양
- 하며 - 기쁨의 제물 되리 -
나를 받아주 소 - 서 서 -
우리 가진 - 이 모든 것들 - 을 다 주께서 우 - 리에게
주시었네 - 몸밖에 드 - 릴 것이 - 없으 - 니 내
삶을 받아 - 주 소 서 - 서 -
D.S.
Fine

124

능력 위에 능력으로

Rory Noland
& Greg Ferguson
두란노 번역

능력 위에 - 능력 으 - 로 - 나를 향한 주 뜻이 루시
고 — 능력 위에 - 능력 으 - 로 - 내
앞의 일을 주 - 관하시 네 - 능력 위 - 에 능 력
으 - 로 - 내 생각보다 더 크신 — 주 님 - 능력
위에 - 능력 으 - 로 주 뜻대로 날 빚으소서

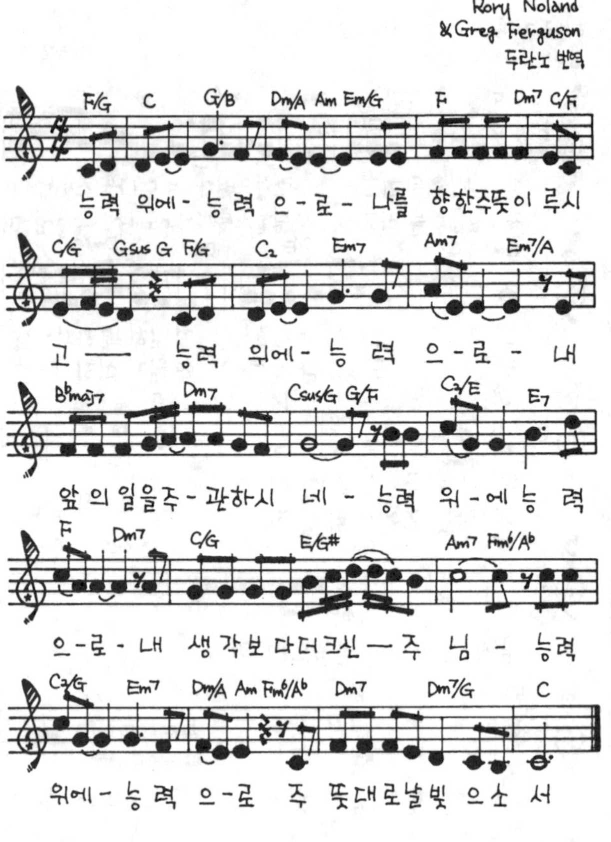

125

구원의 하나님

시 27:1

Stephen Hah

1. 구원의 하나님 그 이름 여호와 -
2. 마음을 다하고 뜻 - 을 다하 여 -
나의 빛 나의 힘 생명 이 되시 네 - 주가
주 나의 하나님 한분 만 사랑하 리 -
날 먼저 사랑하 셨 네 그의 피로 내 죄 사했 네 - 나의
몸과 맘 정성 다 하여 주님 만 사랑하 리 -

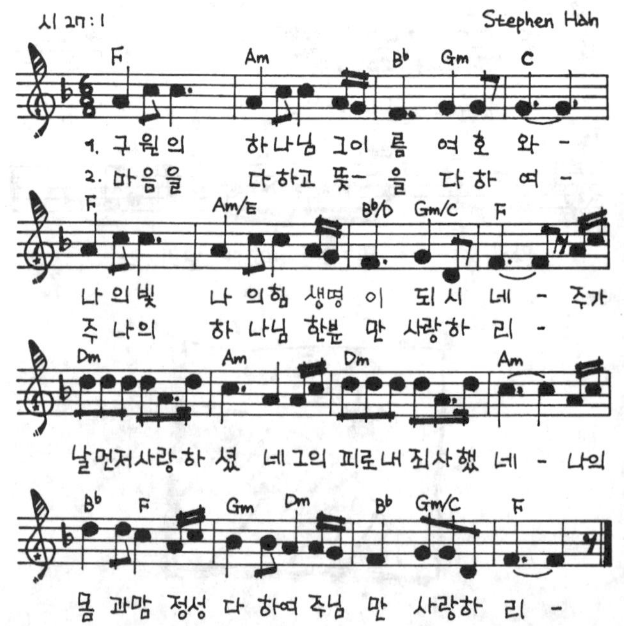

할렐루야 우리 하나님께 찬양함이 선함이여 찬송함이
아름답고 마땅하도다. 예루살렘아 여호와를 찬송할지어다 시온아
네 하나님을 찬양할지어다
(시 147 : 1, 12)

128

주님과 같이 날 위해

With a gentle rhythm

Paul Oakley
두란노 번역

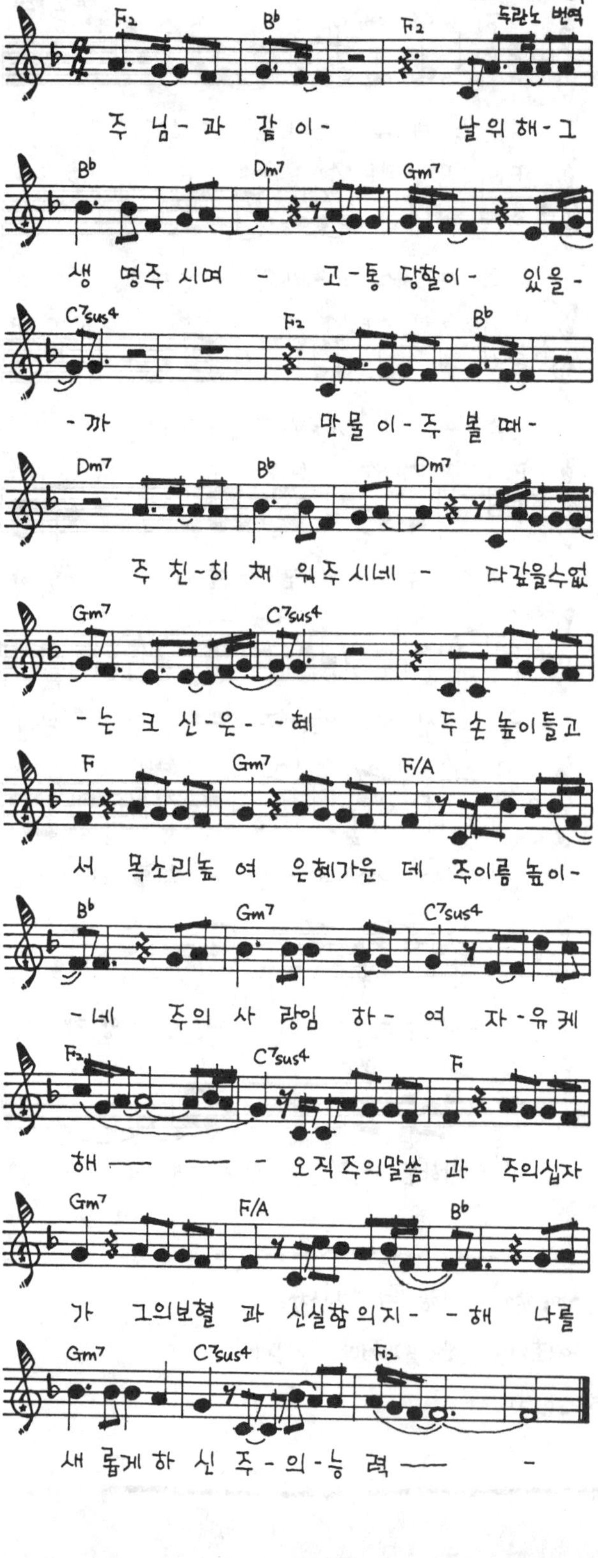

129

상심한 내 마음 속에서

김영석 사·곡

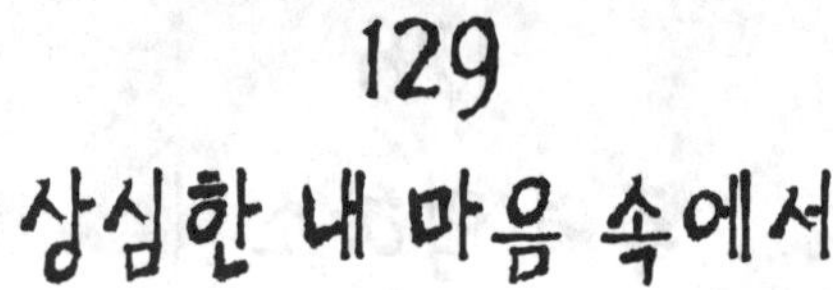

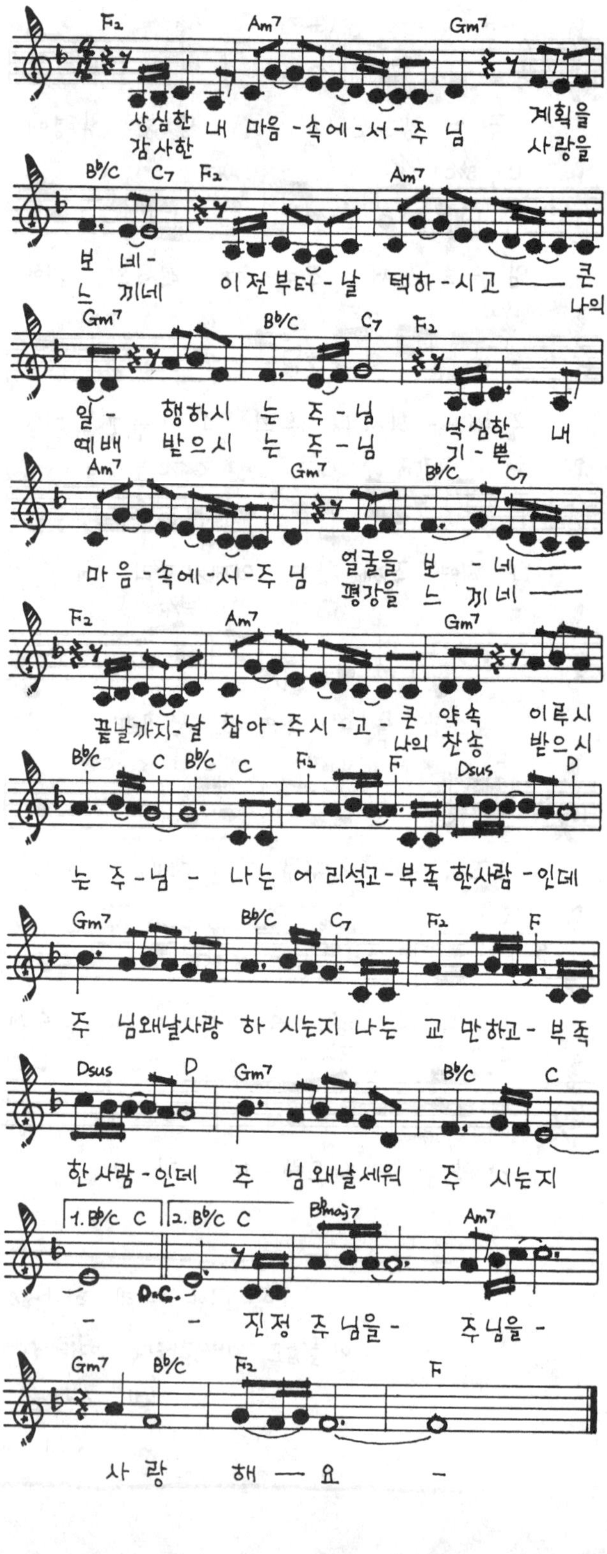

130
마음이 상한 자를

♩=48

Stacy Swalley
두란노 번역

1. 마음이 상한 자를 고 치시는 주님
2. 성령으로 채우사 주 보게하소서

하늘의 아버지 날 주 관하소서 ─── 주
주의 임재 속에 은혜 알게하소서 ─── 주

의 길로 인도 하사 자 유케하소서
뜻대로 살아 가리 세 상 끝날 까지

새일을 행하사 부흥 케 하소서 의에
나를 빛으시고 새날 열어주소서

주 리고 목이 마 르니

성령의 기름 부으소 서 의에

주 리고 목이 마 르니

내 잔을 채워 주소 서

131
이 세상엔 하나님 법칙 있네

Bo Baker 사
Dick Baker 곡
홍정표 번역

132
이제는 내게

♩=88
Chorus

Charlse F. Monroe
예수전도단 번역

Verse

133
보좌 앞에 무릎 꿇고
♩=78
Bonnie Deuschle
두란노 번역
1. 보 좌 앞에- 무 릎 꿇-고 찬양의제 사
드 리네 내- 생명의- 주 인 앞-에
기쁨드립 니 다 2. 주님한분 만
구 하-며 높이기를 원 하네 만-
왕 의왕- 주- 님 앞에 기쁨드립 니
다 할렐 루 야 할렐 루
야 할렐 루 야 왕 께영 광 을
할렐 루 야 할렐 루 야 할렐
루 야 왕 께영 광 을 -

134
아버지여 이끄소서
♩=69
Darlene Zschech
두란노 번역
1. 아 버 지여-- 이 끄 소-- 서 -
2. 성 령 이여-- 내 위로- 자 -
내 맘 정 하였으 니 -- 주의
나 를 강 건하게 하- 소서 주의
생 명에- 싸여 살아 가 게하- 시고 주님의
영 광을- 위해 진리 위 에서- 리니
평 화로-- 임하 소서-- 소서 --
오 나 의영- 혼 갈 급- -하니-
주 님 의진- 리 알게 하-- 소서
오 성 령이- 여 나를 채 우 사 주님의
생 명을 주 소서- 치료 의 능력 날-
온전케- 하사 주님의 평 화로-- 임하 소서 --

할렐루야 새노래로 여호와께 노래하며
성도의 회중에서 찬양할지어다
〈시 149 : 1〉

135 왕되신 예수께

136 광대하신 주님

137 주 거룩한 보좌로

138
주 나의 모든 것

139
나의 목마름을

140
보좌 위에 앉으신 주님

141

주의 얼굴 구하리

Noel
& Tricia Richards
두란노 번역

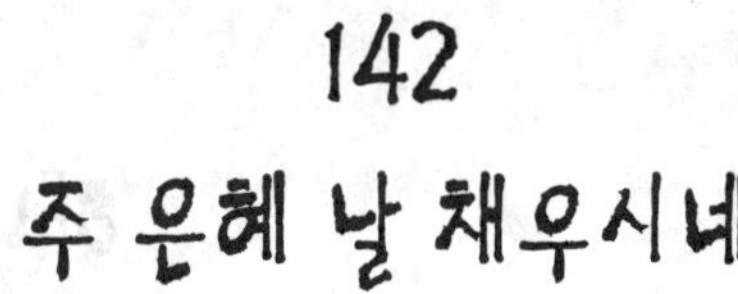

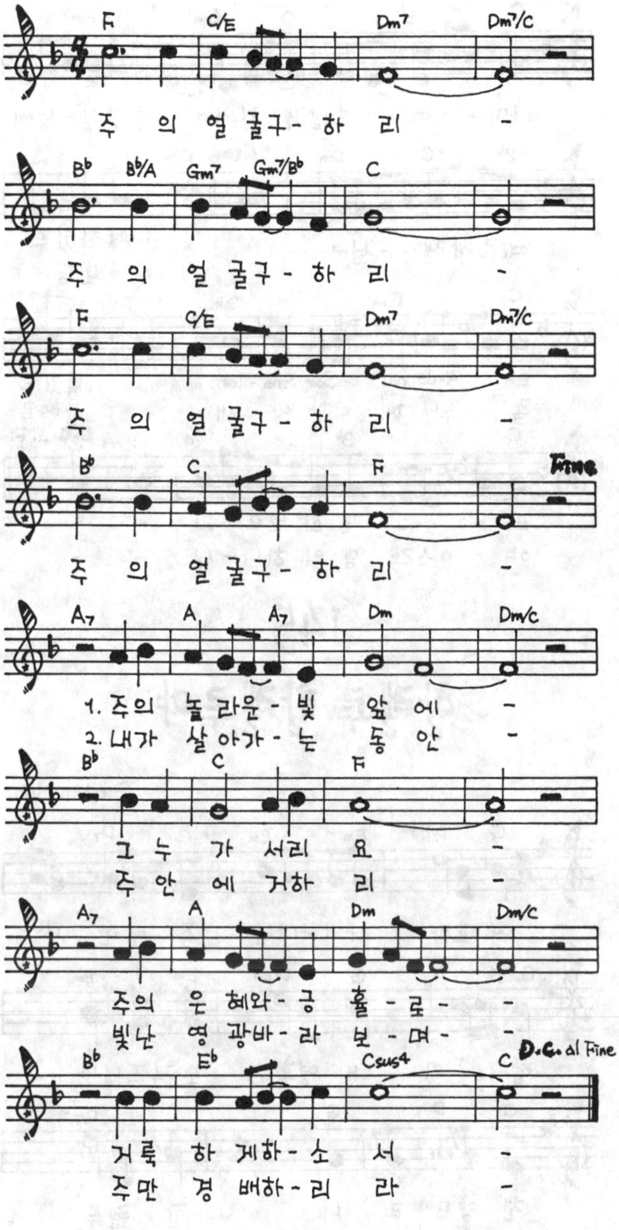

142

주 은혜 날 채우시네

Martin J. Nystrom
두란노 번역

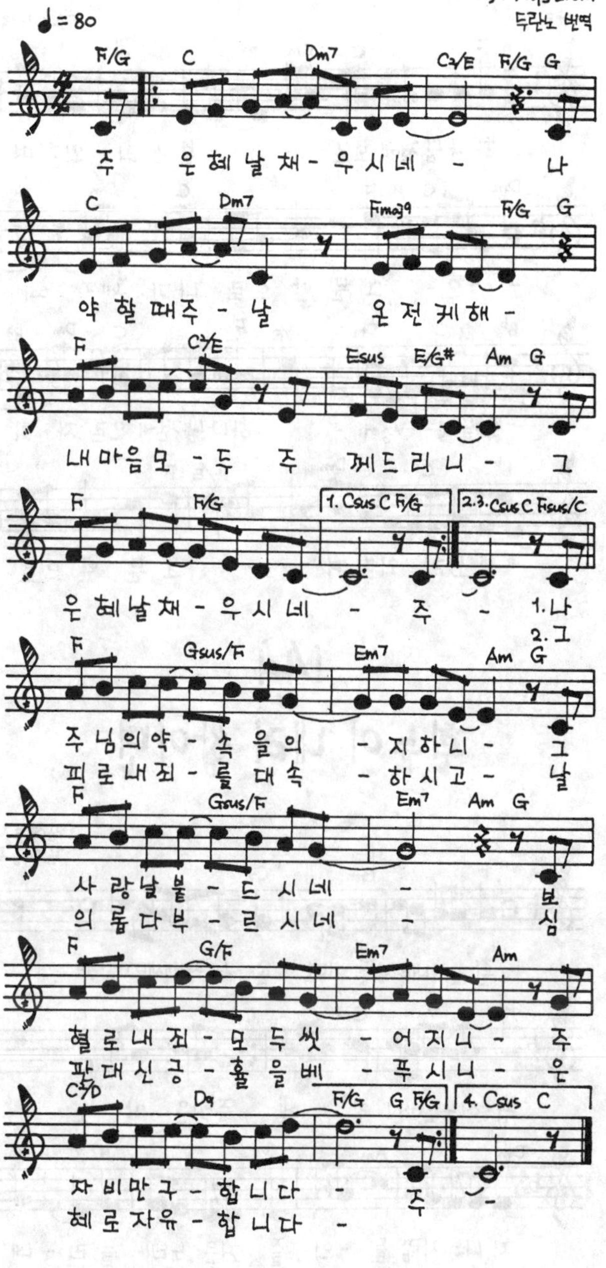

춤추며 그의 이름을 찬양하며 소고와 수금으로 그를 찬양할지어다

여호와께서는 자기 백성을 기뻐하시며

겸손한 자를 구원으로 아름답게 하심이로다.

(시 149 : 3, 4)

143
하나님 전에 오르자

Paul Wilbur
두란노 번역

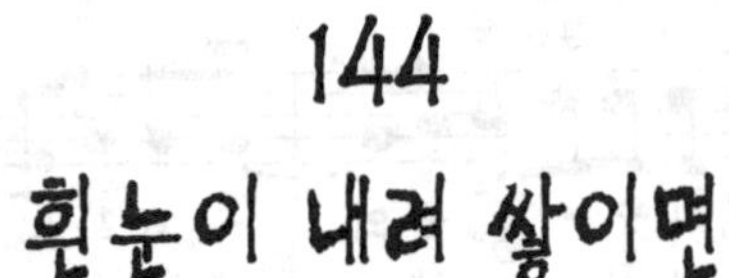

144
흰눈이 내려 쌓이면

김현중 사
김재동 곡

145
할렐루 할렐루야

Stephen Hah

146

물이 바다 덮음 같이

하박국 2:14

♩=172

고형원 곡

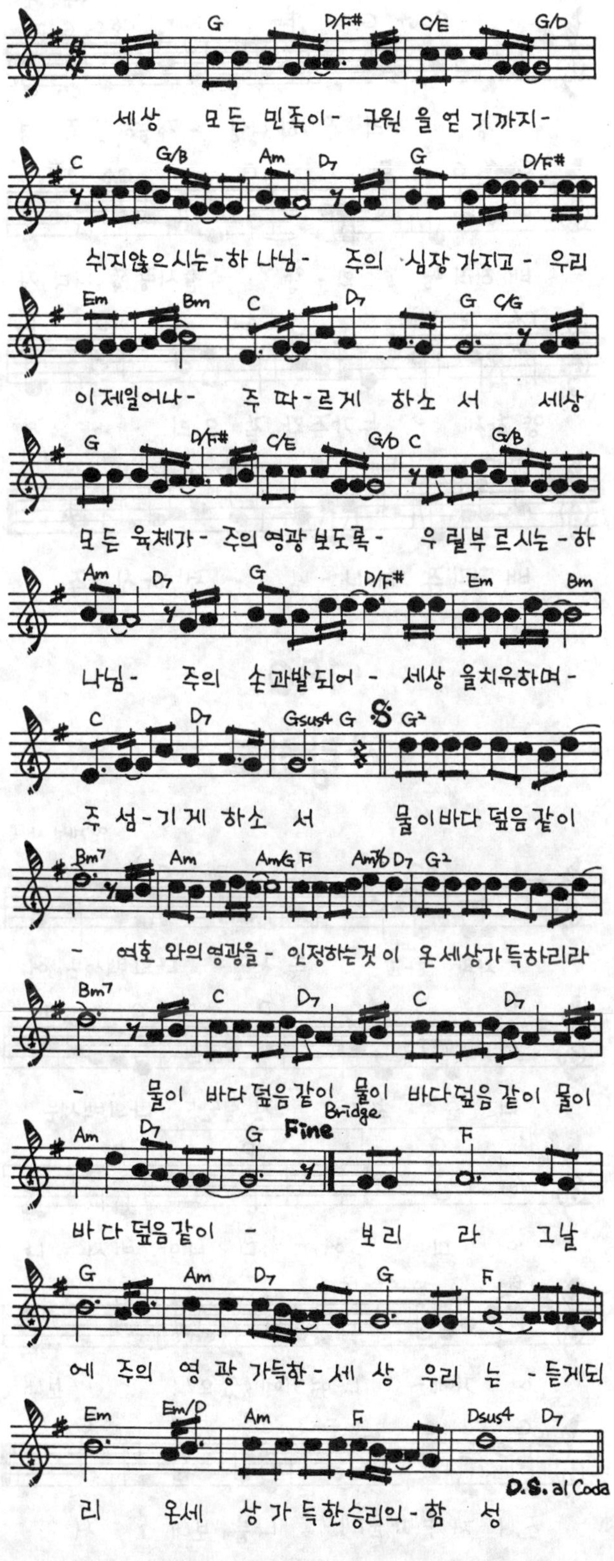

147

내 영혼아 잠잠하라

♩=176

Kim Noblitt
두란노 번역

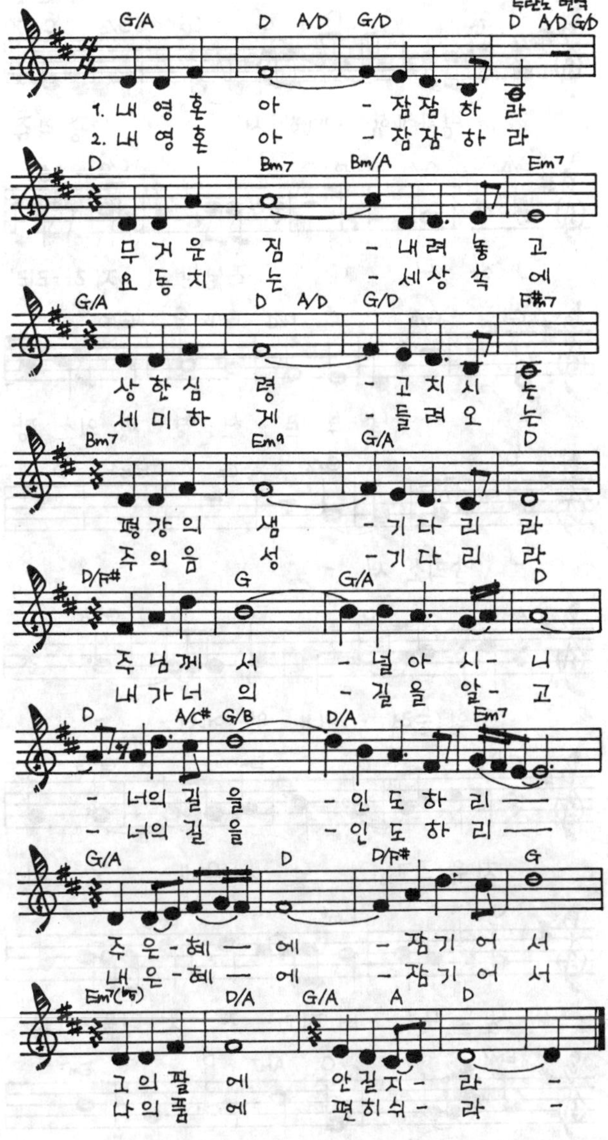

대저 물이 바다를 덮음 같이
여호와의 영광을 인정하는 것이
세상에 가득하리라
(합 2:14)

148
범사에 함께 하시는

149
경배하리 주 하나님

150
사랑하고

151
믿음의 가정

Brent Lamb
& John Rosasco
강명식 번역

♩ = 69

152
메마른 내영혼

안계성 사·곡

153 기쁜 크리스마스

154 죽임 당하신 어린양

155
서리라

157
내가 할 수 있는 것은

156
보라 너희는 두려워 말고

158
그분은 왕

159
부어 주소서 주님의 성령

161

십자가에서 죽으신 예수

162

아름다운 것을

163

더욱 주님을 알수록

164
형제가 연합하는 것
Graham Kendrick
두란노 번역

1. 형 제 가 연 합 하 - 는 것
2. 예 수 안 에 하 나 됨 이
- 어 찌 그리 - 선 한 지요 -
- 강 물 - 처럼 - 깊 도 - 다 -
새 벽 의 이 슬 과 - 같고
아 버 지 와 아 들 - 안에
- 보 배로운 - 기름 - 과같 - 도다 -
- 영 원한생 - 명의 - 축복 - 이라 -
선 하 고 - 선 하 다 -
우 리하 - 나되 - 어 평 화 를이 - 룰때
- 선 하 고 - 선 하 다 -
사 랑으 - 로연 - 합 하는 것 -

165
아침에 주의 인자하심을
이유정 곡

아침 에주의인자하 심을 나 - 타 - 내시 - 며 - 밤마
다주의성실 하 심을 베풂이좋으나이 - 다 - 여
호 와께감 사 하며 주의이름을찬 양 여 -
호 와께감 사 하며 주의이름을찬 양
여호 와 여 주의 행 사가 - 어찌그리 크신 지
요 주의 생각이 - 심히 깊으시나이 다 - 아침
에주의인자하 심을 나 - 타 - 내시 - 며 - 밤마
다 주의 성실 하 심을 베풂이좋으나이 다 -

할렐루야 그 성소에서 하나님을 찬양하며 그 권능의 궁창에서
그를 찬양할지어다. 호흡이 있는 자마다 여호와를
찬양할지어다 할렐루야
(시 150 : 1 , 6)

166

온 땅에 어둠이 덮였으니

Growing in strength

Noel Richards & Gerald Coates
두란노 번역

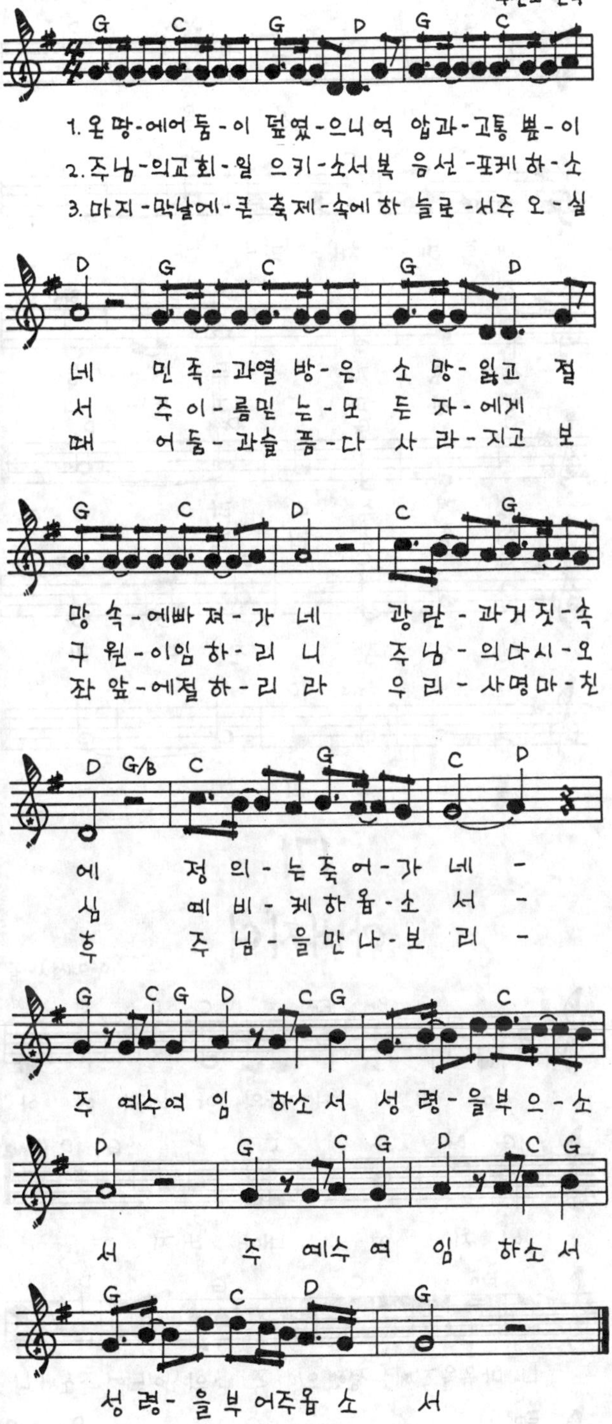

167

오래 전에 베들레헴에

Hudson
최덕신 번역

168

예수 예수 아름다운 주

Dennis Cleveland
다드림 번역

고전 6:11

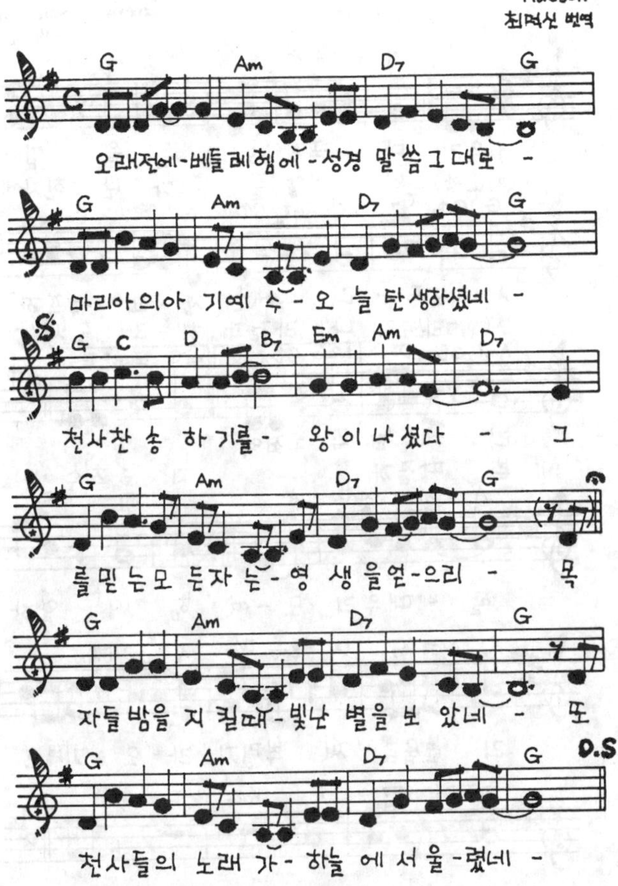

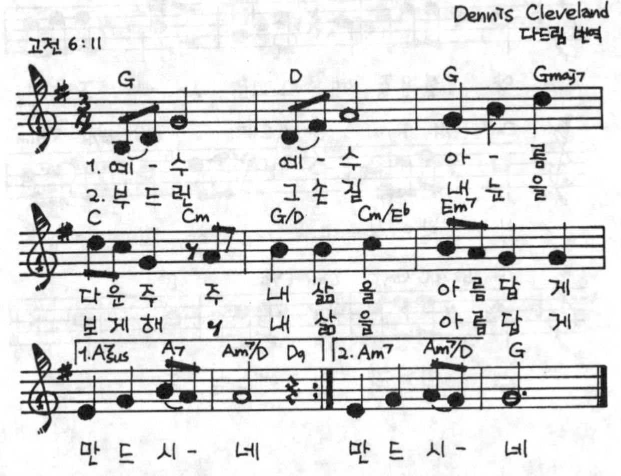

169

우리 다 국경 넘고

Graham Kendrick
두란노 번역

170

너의 이름을 새롭게 하리라

D.J. Butler
두란노 번역

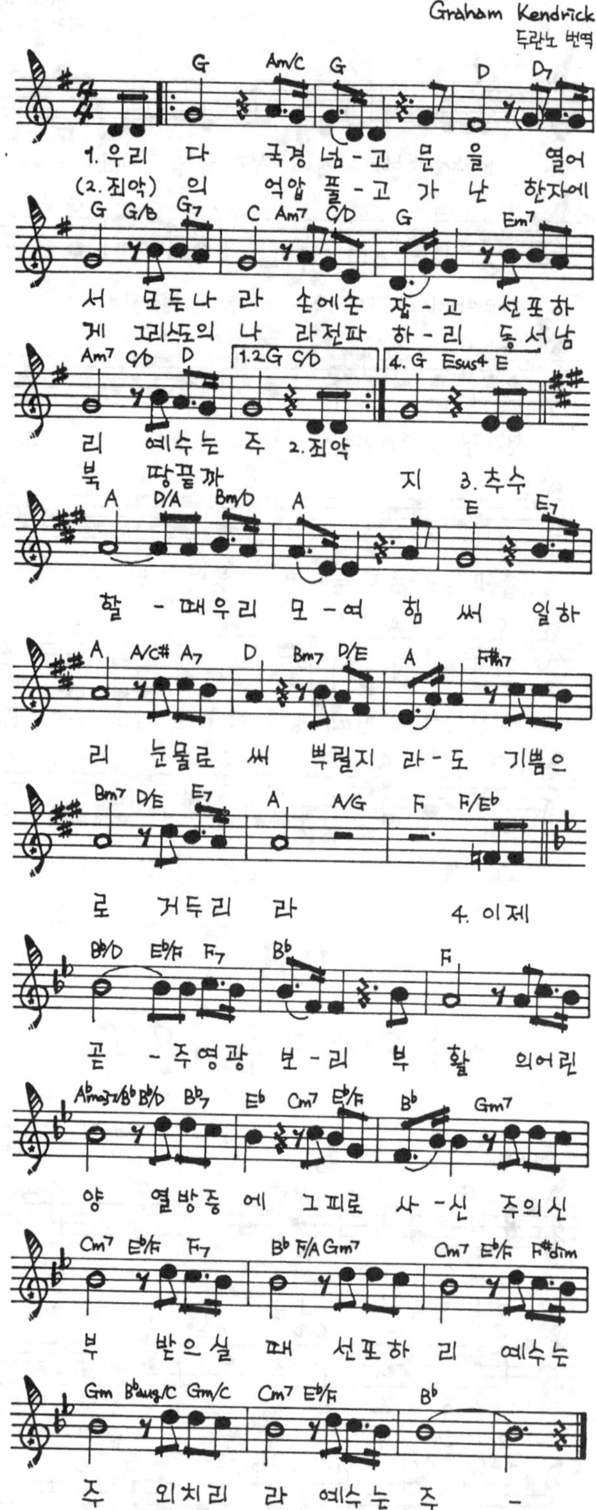

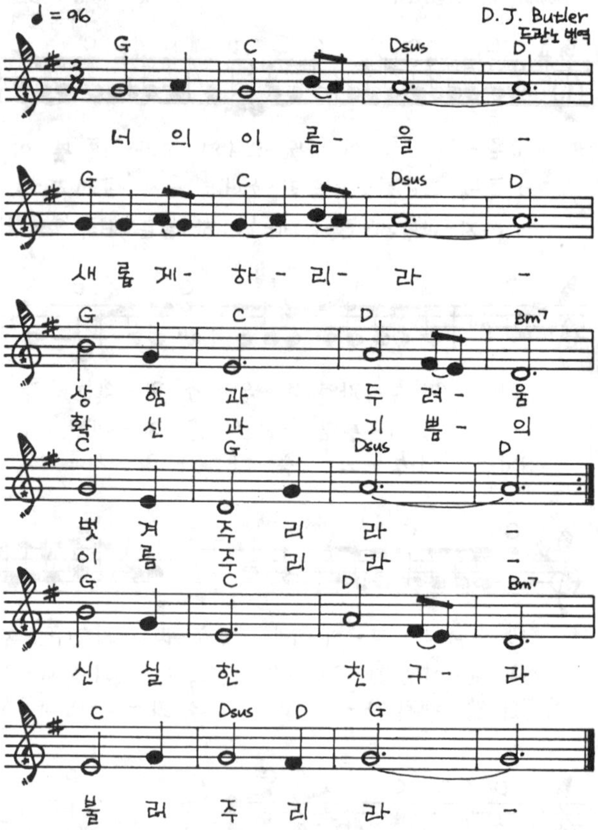

171

아버지여

안계성 사·곡

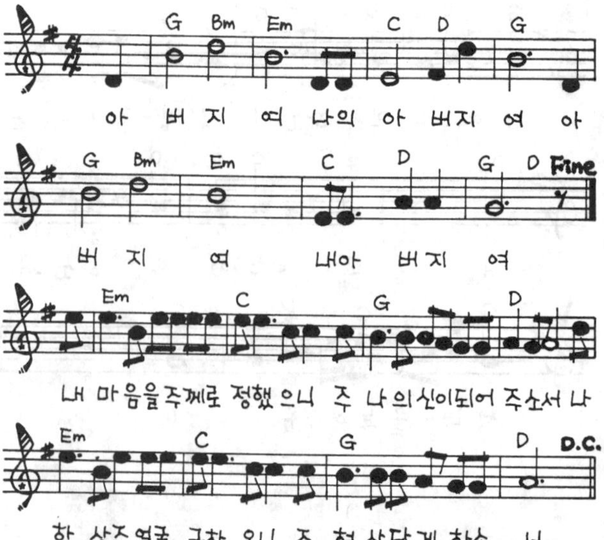

172
주 예수 우리 죄 위해

173
주님의 살과 피

174
주님이 흘린 눈물은

Moderato

유상렬 사·곡

175
드림

176
주 나의 하나님

177 왜

Moderato · 최택현 사·곡

178 우리의 질고를

안계성 사·곡

179 주께 맡긴 나의 삶

김경희 사·최민혁 곡

180 열방 백성들아

Peter Stevenson · 두란노 번역

♩ = 63

181
회복 I(우리가 하나님께 드리는 기도)

182
주의 나라 이땅 위에

183
주는 교회의 머리요

184
주님 날 사랑하시네

185
그는 사랑

Bob Fitts

186
할렐루야 주 경배합니다

Stephen Hah
두란노 번역

187
구원의 강

히브리서 9:24, 10:19-20

고형원 곡

188
이나라 민족의 죄악과

Kevin Prosch
두란노 번역

189
천사들 소리 높여

Richard Lewis
두란노 번역

190

감사합니다

Loren Bieg
두란노 번역

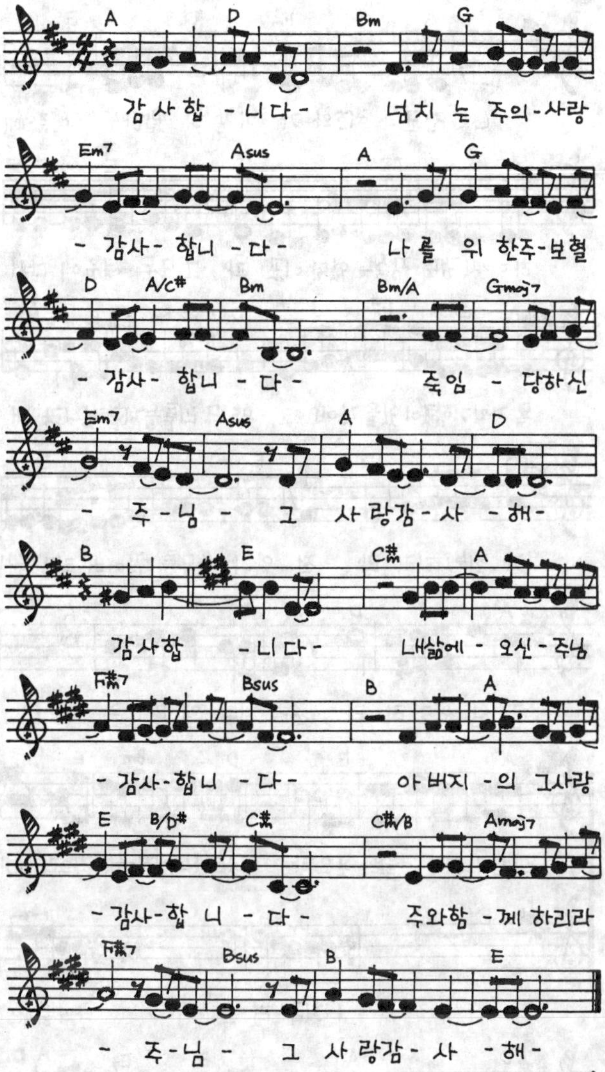
감사합 - 니다 - 넘치는 주의 - 사랑
- 감사 - 합니 - 다 - 나를 위한 주 - 보혈
- 감사 - 합니 - 다 - 죽임 - 당하신
- 주 - 님 - 그 사랑 감 - 사 - 해 -
감사합 - 니다 - 내 삶에 - 오신 - 주님
- 감사 - 합니 - 다 - 아버지 - 의 그 사랑
- 감사 - 합니 - 다 - 주와 함 - 께 하리라
- 주 - 님 - 그 사랑 감 - 사 - 해 -

191

나

송명희 사 · 최덕신 곡

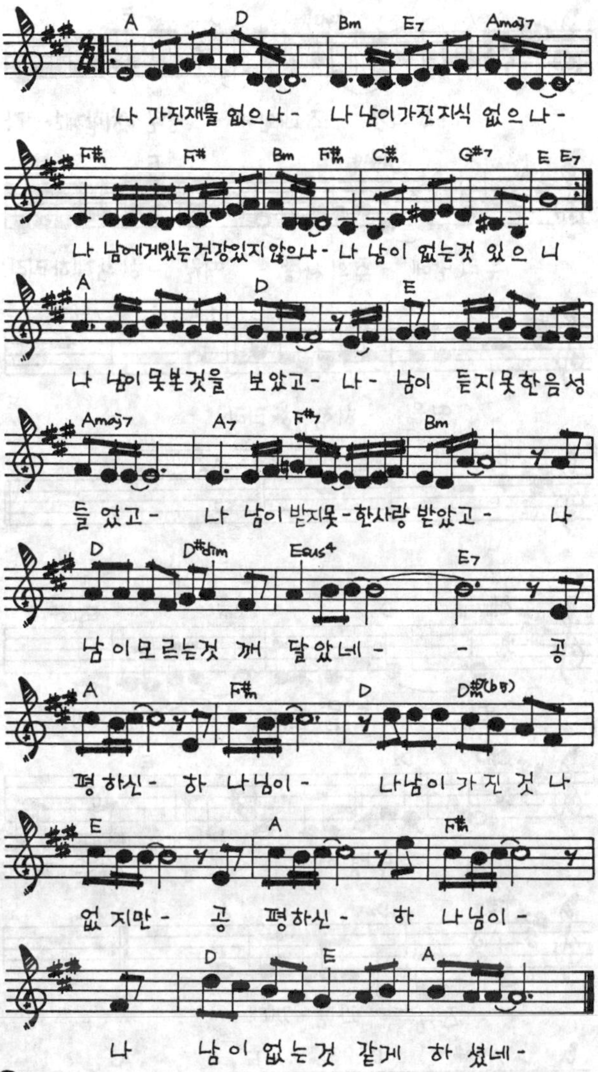
나 가진 재물 없으나 - 나 남이 가진 지식 없으나 -
나 남에게 있는 건강 있지 않으나 - 나 남이 없는 것 있으니
나 남이 못 본 것을 보았고 - 나 - 남이 듣지 못한 음성
들었고 - 나 남이 받지 못 - 한 사랑 받았고 - 나
남이 모르는 것 깨 달았네 - - 공
평하신 - 하나님이 - 나 남이 가진 것 나
없지만 - 공 평하신 - 하나님이 -
나 남이 없는 것 갖게 하셨네 -

192

사랑하며 경배합니다

Rich Cook
두란노 번역

♩ = 116
사랑하며 경배합니다 찬양 받으실 주
님 사랑하며 경배합니다 찬양 받으실 주
님 사랑하며 경배합니다 찬양 받으실 주
님 모든 존귀 찬양 받으실 주님

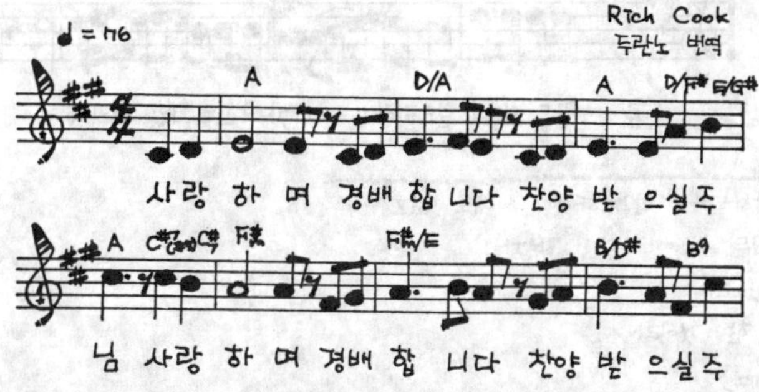

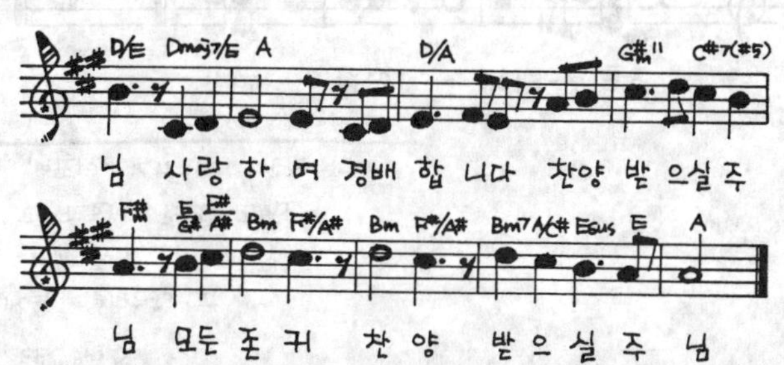

193
나 주의 것
Brain Doerksen
예수전도단 번역
나주의것 - 주 내안에 - 영원 - 히함께하리라
우리 맘에 - 주의 사랑 - 영원 - 히 함께하리라
영원 - 히함께하 리라 -
-
더 - 눈물 없네 - - 우리눈 에
더 - 두렴 없네 - 주님 - 과함 - 께해
- 주님 - 과함 - 께해 -
주경배 - 해
주를 경 - 배해 - 영원 - 히 -

194
회복 II (하나님께서 주시는 응답)
예레미야 33:12
김만진 사·곡
나 만군의 여호와 가 이같 이 말하노 라 황폐
하여 사람도 짐승도 없던 이곳 과 그 모든 성읍에 다시
목 자의 거할곳이 있을 것이요 그 양 무 리를 눕게할 것이라 내
가 회복시키리 라 죄 악의 올무를 끊어버 리고 다시
금 일 으키리 라 쓰러 지는 열 방가운 데
너희가나에게 - 울부 짖으라 너희가나에게 - 울부 짖으라 내가
너희목소리 로 나의능력으
너 희를 일으 키리 라 내가 너희를 회복시키리라
료 일으 키 리 일으키리라 - - 내가너희를 회복시키리라 -

나 만군의 여호와가 이같이 말하노라 황폐하여 사람도 없고
짐승도 없던 이곳과 그 모든 성읍에 다시 목자의
거할 곳이 있으리니
그 양무리를 눕게 할 것이라
(렘 33 : 12)

195
눈을 들어 주 봅니다

196
바다 같은 주의 사랑

197
예수는 길이요 부활 생명되시니

198
비전(국악버전)
요한계시록 7:9
♩=120
고형원 곡
우리 보좌앞에 모 였네 - 함께주찬양하 며 하나
님의사랑 그 아들주셨네 그의피로 구원 받았네
- 십자 가에서쏟으신 사랑 강 같이온 땅에흘
리 각 나라와족속백 성방언에서 구원받고주
경배드리 네 - 구원 하심이 보
좌 에앉으 신 우 리 하나 - 님 - 과 - 어
린 양께있 도 다 - 구 원 하심이 - 보
좌 에앉으 신 우 리 하나 - 님 - 과 - 어
린양 께 있도 다 -
199
하나되리
곽상엽 사·곡
놀 라우신 - 그 사 랑으로 -
하 나되 리 -
오 놀 라워 - 라 주 님의 - 사 랑 우리를
자유케 - 하리 라 - - 오 -
온 땅 위에 열 방 들이 - -
주님의 - 그 사 랑으 - 로 인 하여 - 기 뻐하 - 리라
온 땅 - 위에 - 모든 민 족 들이 - 위
대 하신 - 주 의사랑 - 영원
토 록 기 뻐 - 하리 라 - -
이 일 후에 내가 보니 각 나라와 족속과 백성과 방언에서
아무라도 능히 셀 수 없는 큰 무리가
흰 옷을 입고 손에 종려 가지를 들고 보좌 앞과
어린 양 앞에 서서
(계 7:9)

200
똑바로 보고 싶어요

201
마음이 어둡고

최덕신 사·곡

똑바로 보고 싶어 요 주님 온전한 눈 짓으 로
똑바로 보고 싶어 요 주님 곁눈질하긴 싫어 요
하지만 내 모습은 온전치 않아 세상이 보 눈눈 은
마치 날 죄인처럼 멸 리하며 외면을 하 네 요
주님 이 낮은 자를 통하여 어디에 쓰 시려 고
이 렇게 초라한 모 습으로 만들어 놓으셨나 요
당신 께 -드릴 것은 사모 하는 이 마음 뿐
이생 명도 달라시 면 십자 가에 놓겠으 니
허울 뿐인 육신 속에 -참빛 을 심게 하시 고
가식 뿐인 세상 속에 -밀알 로 썩게 하소 서

마음 이 어둡 고
괴 -로 울 때- 주 님 예수님 을 나-
생 각- 해요 - 머-리-둘 곳 조차
없- 으 시던- 혼 자 기도하시 던 주님
생 -각 해 요 -주님만 섬 기며
따 르기로 한 나 -세상이 줌 이 모 든
괴 롬 버 리 고 -예수님 처 -럼
기 도하기를 원 해요 -예수 님
처럼- 기도 하-기 원해 요 -

202

모든 민족과 방언들 가운데

Don Moen
& Debbye Graafsma
두란노 번역

♩= 80

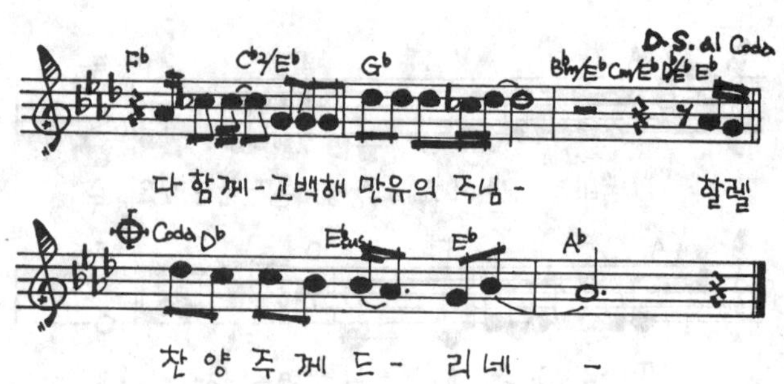

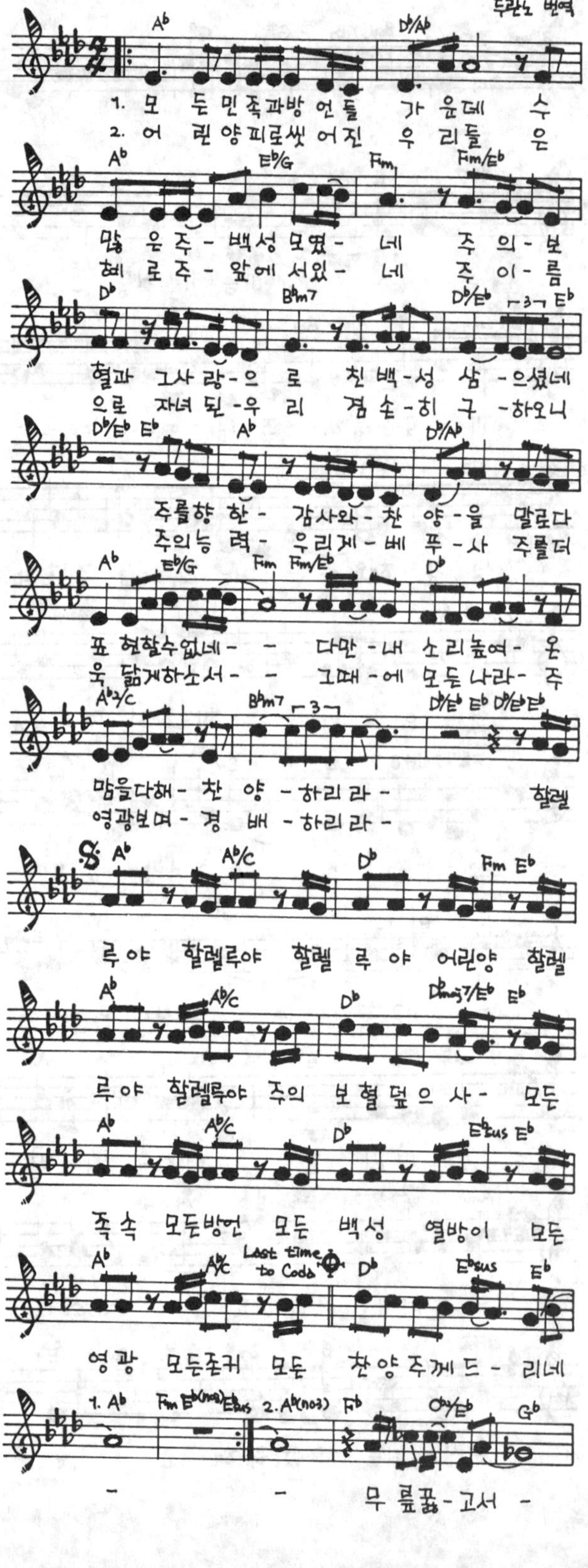
1. 모 든 민 족과방 언 들 가 운데 수
2. 어 린 양 피로씻 어진 우 리들 은
많 은 주 - 백성 모였 - 네 주 의 - 보
혜 로 주 - 앞에 서있 - 네 주 이 - 름
혈과 그사 랑 - 으 로 친 백 - 성 삼 - 으셨네
으로 자녀 된 - 우 리 겸 손 - 히 구 - 하오니
주를향 한 - 감사와 - 찬 양 - 을 말로다
주의능 력 - 우리게 - 베 푸 - 사 주를더
표 현할수없네 - - 다만 - 내 소리높여 - 온
욱 닮게하소서 - - 그때 - 에 모든 나라 - 주
맘을다해 - 찬 양 - 하리라 - 할렐
영광보며 - 경 배 - 하리라 -
루 야 할렐루야 할렐 루 야 어린양 할렐
루 야 할렐루야 주의 보 혈 덮으 사 - 모든
족 속 모든방언 모든 백성 열방이 모든
Last time to Coda
영광 모든존귀 모든 찬양 주께 드 - 리네
- - 무 릎꿇 - 고서 -

D.S. al Coda
다 함께 - 고백해 만유의 주님 - 할렐
Coda
찬 양 주 께 드 - 리 네 -

203

나의 반석이신 하나님

Thoughtfully with strength

Peter West
Mark Lou Locke
& Mary Kirkbride

나 의 반석이신 하나님 - 행하신 모든 것
완 전하 시 니 - 나 의 생명 되신
하 나님 - 내게 행 하신 일 찬 양합니 다
- 신 실 하 신 하나 - 님 실수 가 없으 - 신 -
좋 으 신 나의 주 - 신
실 하 신 하나 - 님 실수 가 없으 - 신 -
좋 으 신 나의 주 -

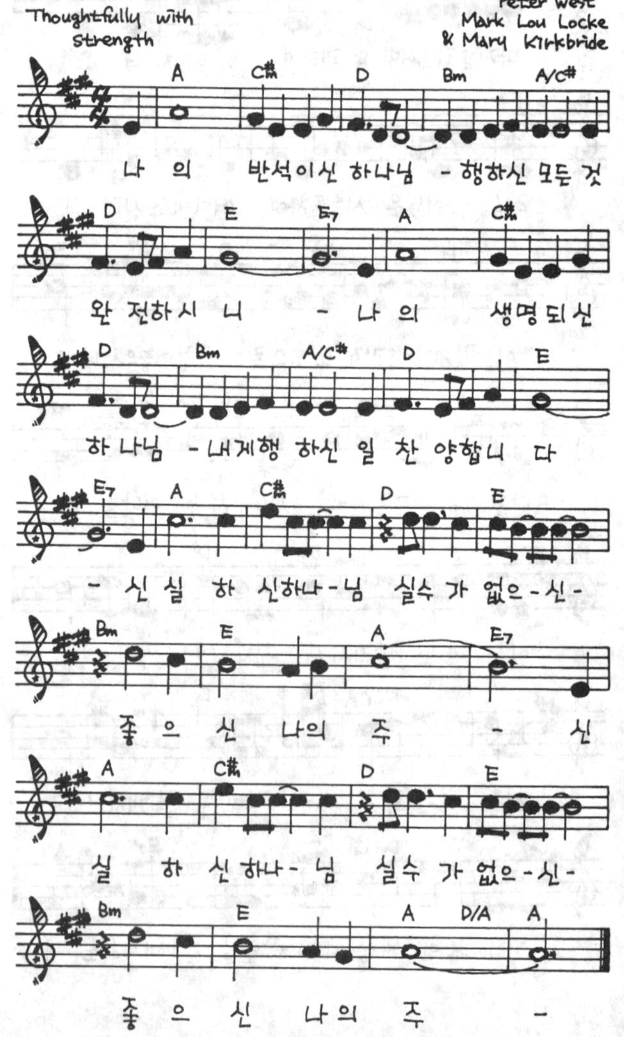

204
그날

205
여호와의 친밀한 사랑은

눈물을 흘리며 씨를 뿌리는 자는
기쁨으로 거두리로다
울며 씨를 뿌리러 나가는 자는 정녕
기쁨으로 그 단을 가지고 돌아오리로다.

(시 126: 5, 6)

206
강한용사

이사야 35:1~4,10
♩=64

고형원 곡

강하고 담대 하라 너의 주 곧 오시리- 그가
오사 보수 하시리- 오랜 흑암의 멍에-꺾어주
시-리 너를 구 원하 시-며 너의 눈물 씻어주-시
리 너를 구 원하 시-며 주의 영광 나타내-시
리 여호 와의구 속함- 받은 백-성- 돌아
오 며 기뻐노-래하리-라- 슬픔과-탄식 다
사라지고 영영한기쁨넘-치 리 강하 고 담대
하라 너의 주 곧 오시리- 그가 오사 보수
하 시리- 강한 용 사 여호 와 강한 용 사 여호
와 강한 용 사 여호 와 -

207
내게 주신 선물

김만진 사·곡

온 세 상밝게비추 는- 따 스한 햇살처 럼-
그 대 해맑은웃음 은- 내 마음을비 추 죠-
아 직 동이 트기 전- 숨 어있 눈이슬처 럼-
그 대 겸손의열매 는- 나 를부끄 럽게하 죠
모든것이- 완전 하지못하여- 실수투성인-우 리
주의사랑- 그사랑으로 서로 사랑합시 다
사 랑합 니 다- 주님 우리를- 사랑했듯 이
모든것이완전 하지못해도- 있는 모습그대 로 사랑
사 랑합 니 다 하나님- 내게주신선 물
해 나의곁에있는 당신만이- 하나님- 내게주신선 물
주의 사랑으 로 당신을- 사랑합니 다

208

저 하늘의 귀한

백승남 사·곡

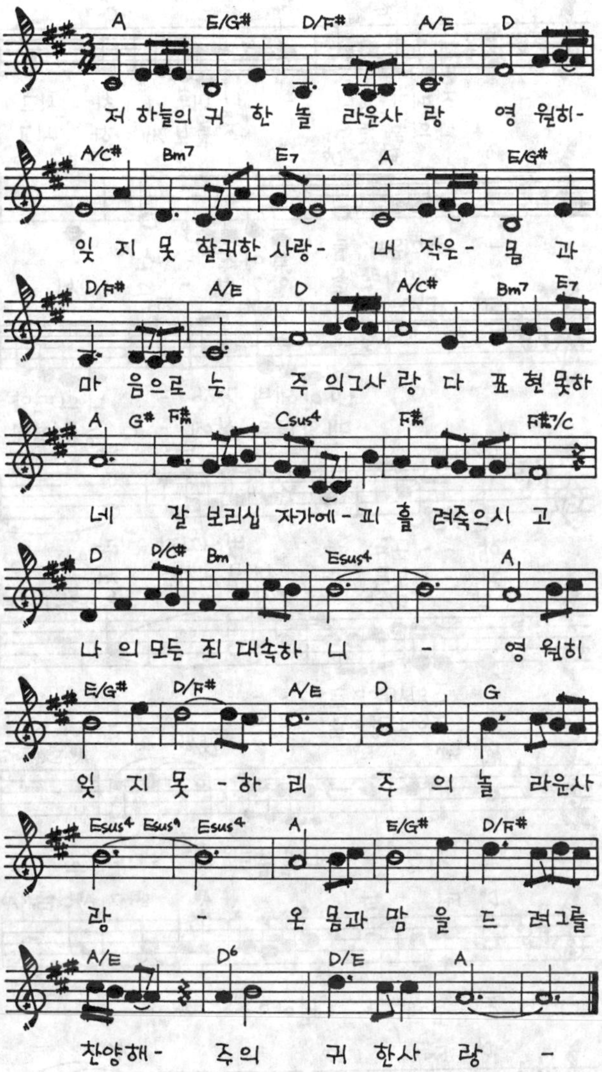
저 하늘의 귀 한 놀 라운사 랑 영 원히-
잊 지 못 할귀한 사랑- 내 작은- 몸 과
마 음으로 는 주 의그사랑 다 표 현못하
네 갈 보리십 자가에-피 흘 려죽으시 고
나 의모든 죄 대속하 니 - 영 원히
잊 지 못 -하 리 주 의 놀 라운사
랑 - 온 몸과 맘 을 드 려그를
찬양해- 주의 귀 한사 랑 -

209

주 다스리네

Dan Stradwick
예수전도단 번역

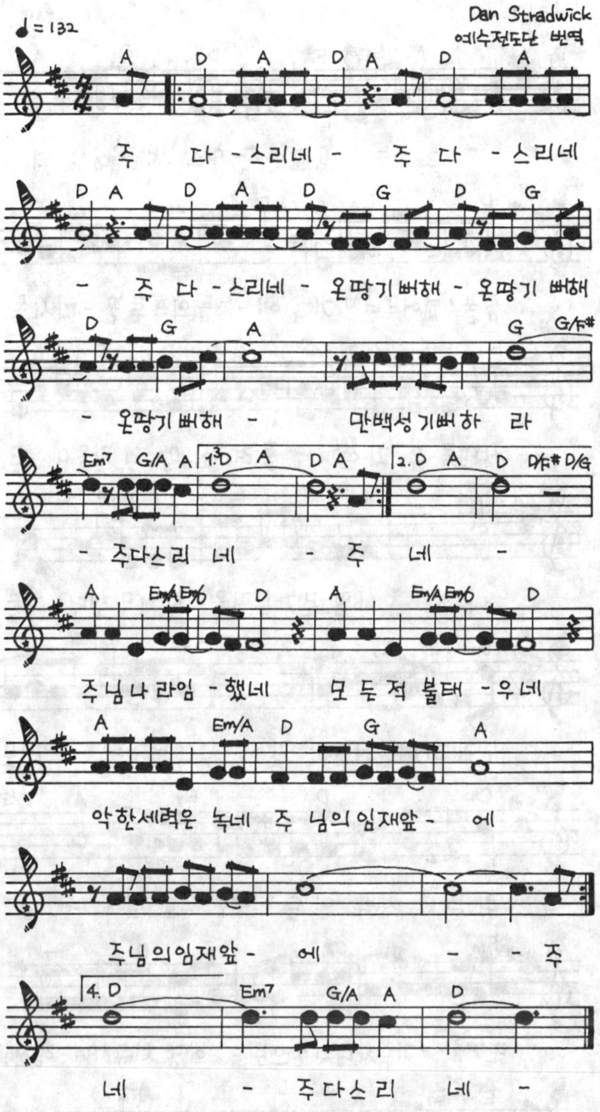
♩=132
주 다-스리네- 주 다 -스리네
- 주 다-스리네- 온땅기뻐해- 온땅기 뻐해
- 온땅기뻐해 - 만백성기뻐하 라
- 주다스리 네 - 주 네 -
주님나 라임 -했네 모 든적 불태 -우네
악한세력은 녹네 주 님의임재앞- 에
주님의임재앞- 에 - - 주
네 - 주다스리 네 -

210

왕의 왕 주께

Sharon Damazio
두란노 번역

왕의왕 주 께 면류관 드 려
기묘라 모 사라 전능의 주
임 마 누 엘 함께 하 — —시 네 또
주께서 영원히 영원 히 다 스 리 네

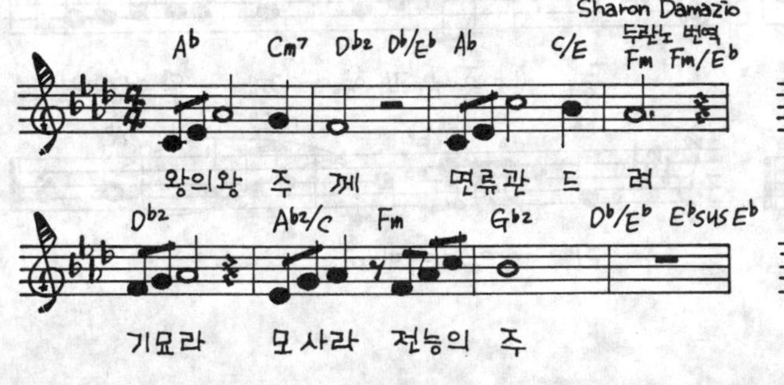

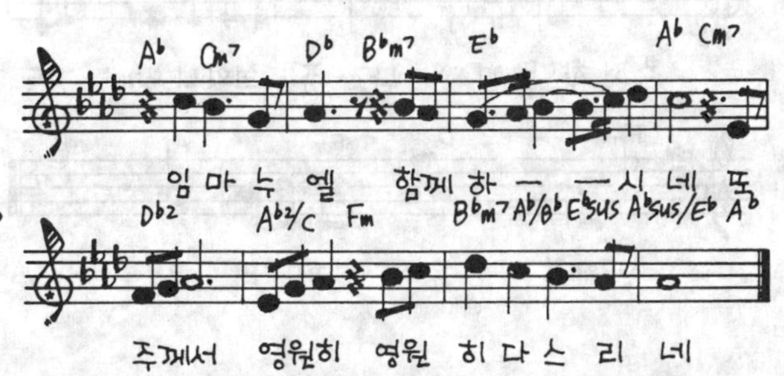

211
보리라
이사야 61:3-4
♩=72
고형원 곡

우 리 오늘 눈물로 - 한 알의 씨앗을심 - 는 다
꿈 꿀수없어무너진 가슴 에 -저들 의푸른 꿈 -다시돋
아나도록 -우 리 함께땀 흘려 -소 망 의 길을만 -든
다 내일 로가는길을 찾지못 했던 저들
노 래하며달려갈그 길 그 날에 - -우리보
리 라 -새벽 이 슬 -같은 저들 -일어 나
뜨 거운 - -가슴사랑의 손 으로 - -이땅 치유하며 -행진할
때 오래 황폐하였던 -이땅어 디 서나
순 결 한꽃들 피 어 나고 -푸른 의의 나무가 - 가득
한 세상 우리 함께보 리 라

212
주께 가오니
Geoff Bullock
두란노 번역

1. 주께가 오니 - 날 새롭게 하 시고
2. 나의눈 열어 - 주 를보게 하 시고
- 주의은혜 를 부어주 - 소 서
- 주의사랑 을 알게하 - 소 서
내 안에밝 겨한 - 나의연약
매 일 나의 삶에 - 주 뜻 이뤄
함 - -모두 - 벗어지리 라
지 - -도록 - 새 롭게하소 서
- 주의사랑으로 - - - -
- 주의사랑으로 - - - -
주 사랑 - 나를붙드 시 - -고
주 곁에 - 날이끄소 -서 -
독 수리 - 날개쳐올라 가 - -
듯 나 주님과 함 께 일 어나걸으
리 주의사랑안 에 - - - -

213

우리의 어두운 눈이

송명희 사·최덕신 곡

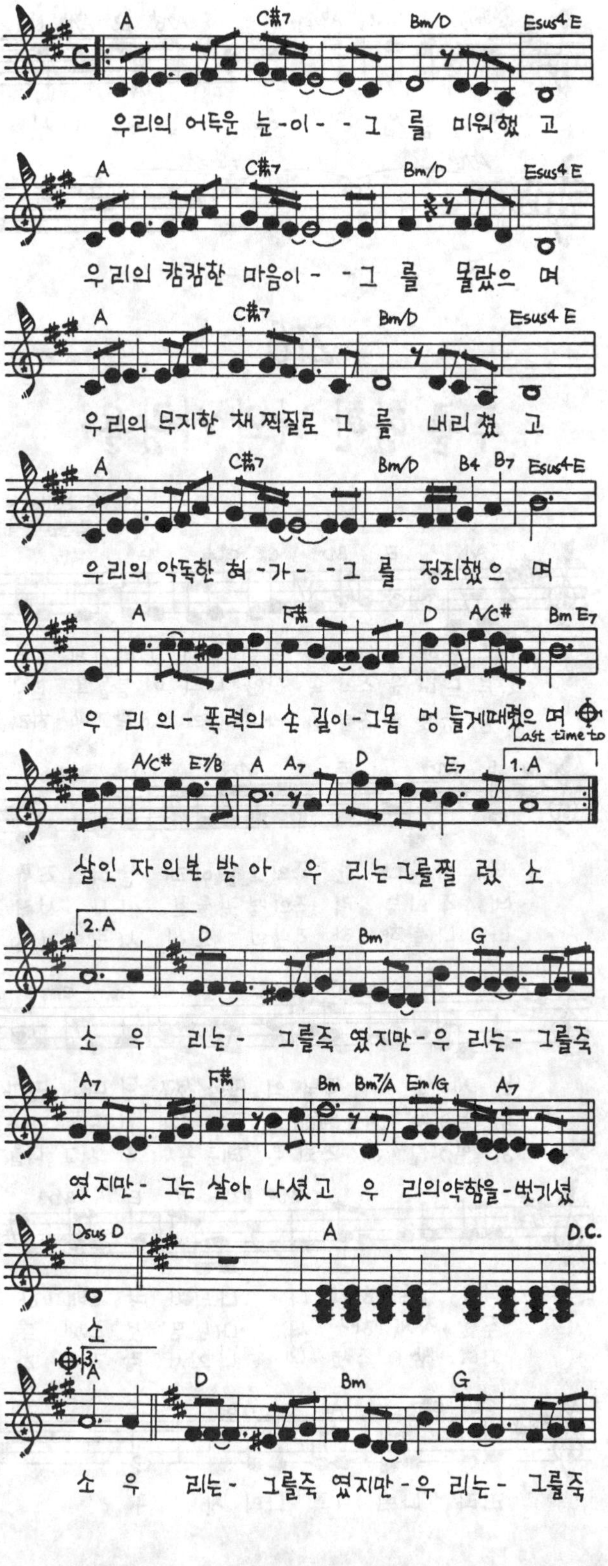
A C#7 Bm/D Esus4 E
우리의 어두운 눈-이- -그 를 미워했 고
우리의 캄캄한 마음이- -그 를 몰랐으 며
우리의 무지한 채찍질로 그 를 내리쳤 고
A C#7 Bm/D B4 B7 Esus4 E
우리의 악독한 혀-가- -그 를 정죄했으 며
A F#m D A/C# Bm E7
우 리 의-폭력의 손 길이-그몸 멍 들게때렸으 며
Last time to
A/C# E7/B A A7 D E7 1. A
살인 자 의본 받 아 우 리는 그를찔 렀 소
2. A D Bm G
소 우 리는- 그를죽 였지만-우 리는- 그를죽
A7 F#m Bm Bm7/A Em/G A7
였지만- 그는 살아 나셨고 우 리의약함을-벗기셨
Dsus D A D.C.
소
3. A D Bm G
소 우 리는- 그를죽 였지만-우 리는- 그를죽

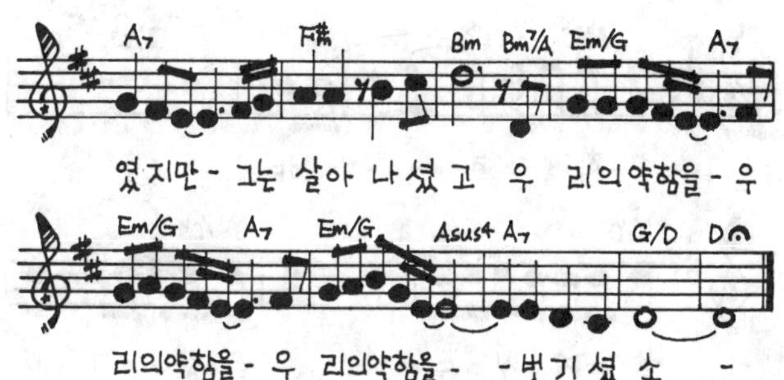

A7 F#m Bm Bm7/A Em/G A7
였지만- 그는 살아 나셨 고 우 리의약함을-우
Em/G A7 Em/G Asus4 A7 G/D D
리의약함을-우 리의약함을- -벗기셨 소 -

214

예수의 이름은

John Wimber
두란노 번역

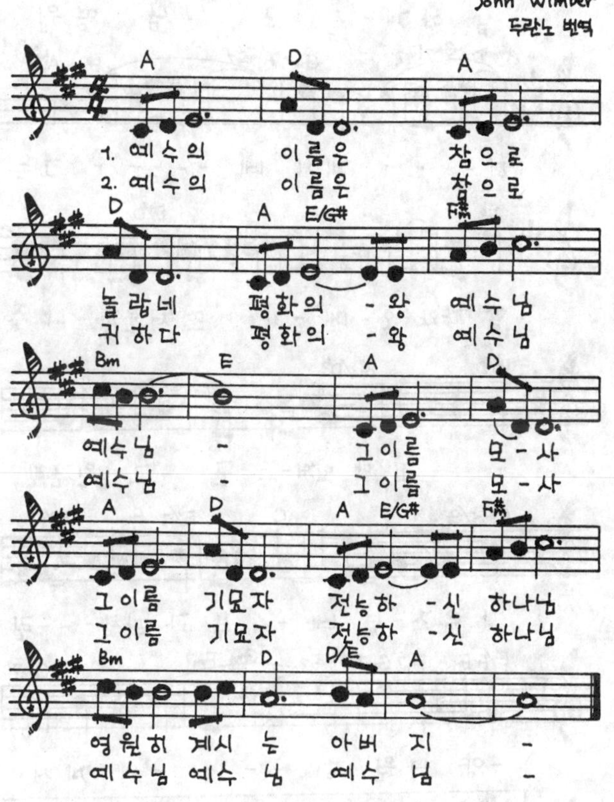

A D A
1. 예수의 이름은 참으로
2. 예수의 이름은 참으로
D A E/G# F#m
놀랍네 평화의 -왕 예수님
귀하다 평화의 -왕 예수님
Bm E A D
예수님 - 그 이름 모-사
예수님 - 그 이름 모-사
A D A E/G# F#m
그 이름 기묘자 전능하 -신 하나님
그 이름 기묘자 전능하 -신 하나님
Bm D D/E A
영원히 계시 는 아버 지 -
예수님 예수 님 예수 님 -

215
할렐루야 살아계신 주
Ron Kenoly
두란노 번역

할렐 루 야
할렐 루 야 살 아 계 신
살 아계 신 주 죽 음 이기 시
주
고 무덤에 서일 어 난
살 아 계 신 주 님 영원
히 계시 네 그는
알 파와 오 메 가 또 처음과 나중
죄 악 의저 주 끊 고 완전한
자 유주 셨 네 부 활 하신 어 린
양 영원 히 계시
네 할렐 네

216
주를 향한 나의 사랑을
Geoff Bullock
두란노 번역

1. 주 를 향 한 나의 사 랑을 주께 고 백하게 하소
2. 부 드러운 주의 속 삭임 나의 이 름을부 끌시
3. 온 맘으 로 주를 바 라며 나의 사 랑고백 하리

서 아름다 운 주의그늘아래 살며 주를
네 주의능 력 주의영광을보 이사 성령
라 나를향 한 주님의그크신 사랑 간절

보 게하소 서 주님의 말씀 선포 될 때에 땅과
을 부으소 서 메마른 곳거룩해 지 도록 내가
히 알기원 해 주의은 혜로용서 하 시고 나를

하늘 진동 하리 니 나의사 랑 고백 하
주를 찾게 하소 서 내모든 것 주께 드
자녀 삼아 주셨 네 나의사 랑 고백 하

리라 나의 구주 나의 친 구

217

주가 길이 다스리리

Graham Kendrick
두란노 번역

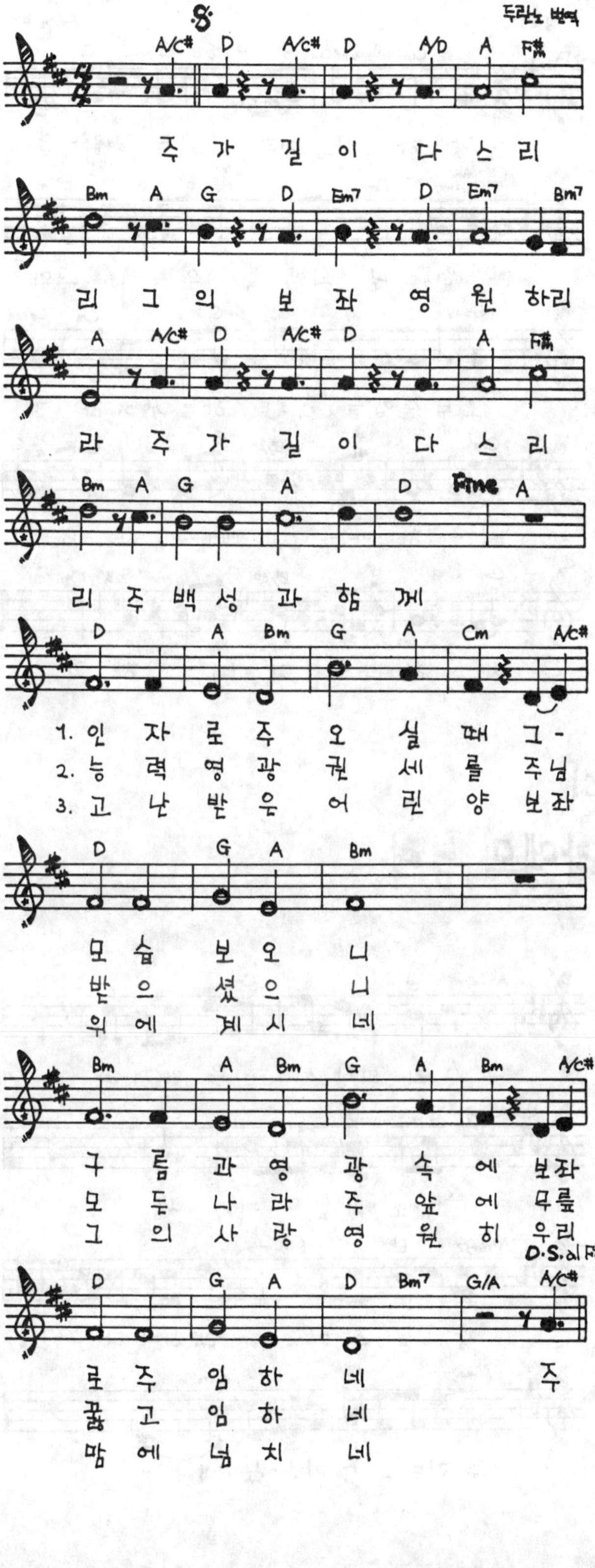

218

하늘의 영광을

계 22:20

Stephen Hah

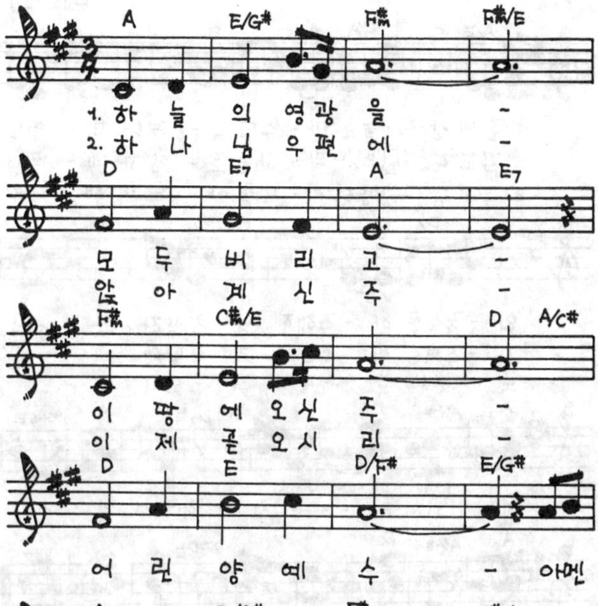

이것들을 증거하신 이가
가라사대 내가 진실로 속히
오리라 하시거늘
아멘 주 예수여 오시옵소서
(계 22 : 20)

219 온세상 들으라

Graham Kendrick
두란노 번역

220 강하고 담대해

Martin J. Nystrom
두란노 번역

221 주님은 이스라엘의 능력

Robert E. Mason
두란노 번역

222

그는 천지만물 지으신 주

시 19:1-4
합 2:14

Stephen Hah

223

주가 세우시네 예루살렘

Rich cook
예수전도단 번역

224

하늘 권세 그 능력으로

고형원 사·곡

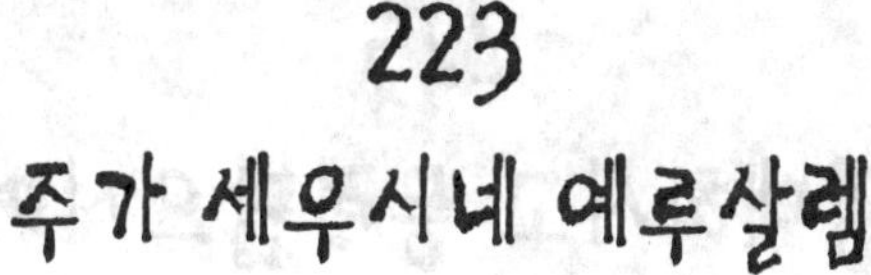

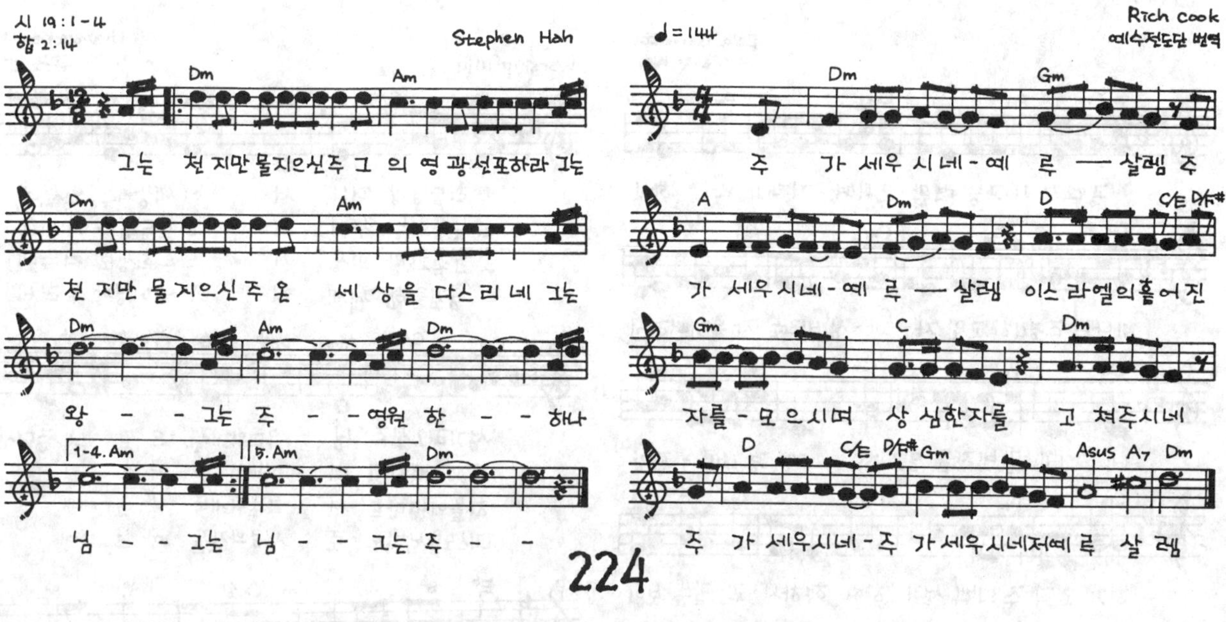

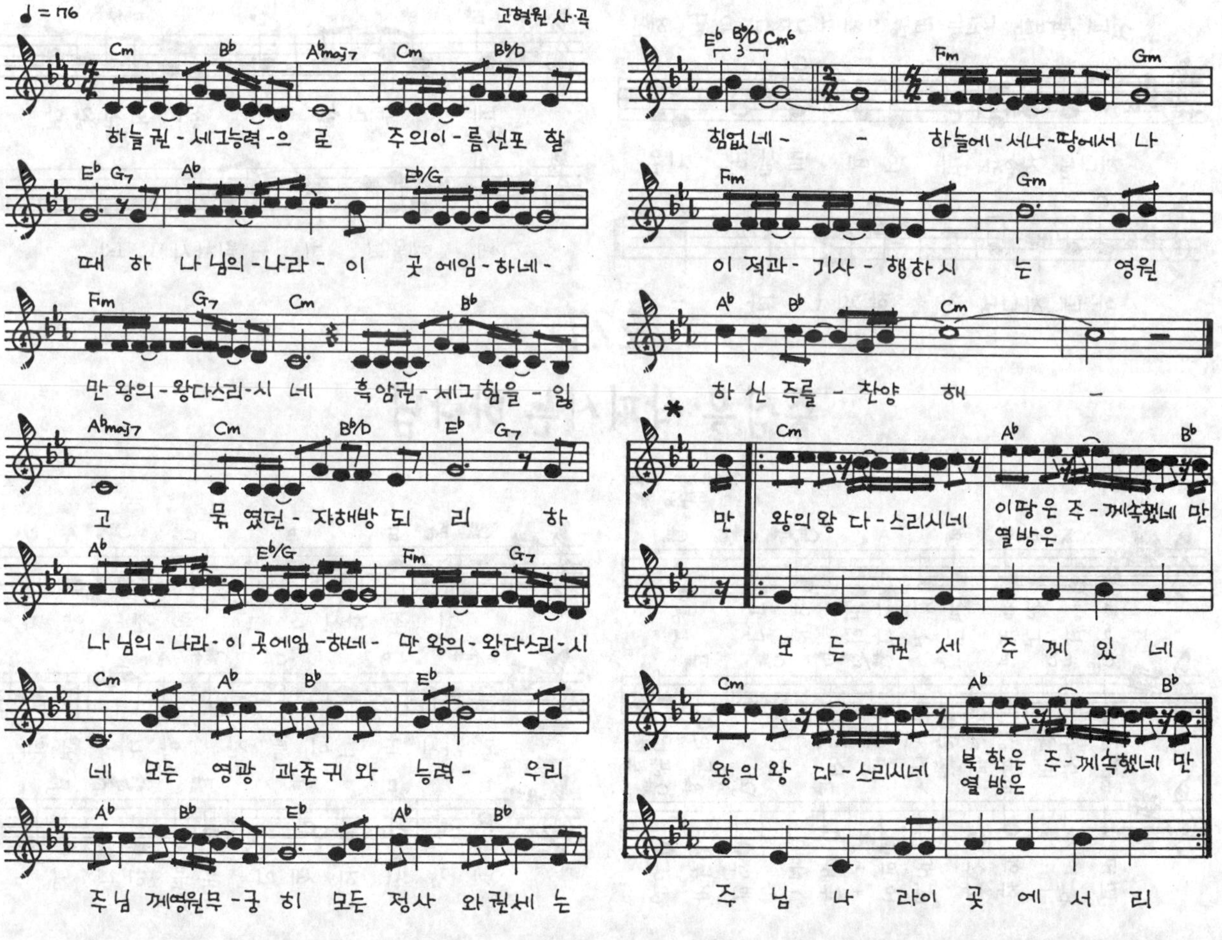

225
광대하시고 능력많으시며

Dale Garratt
예수전도단 번역

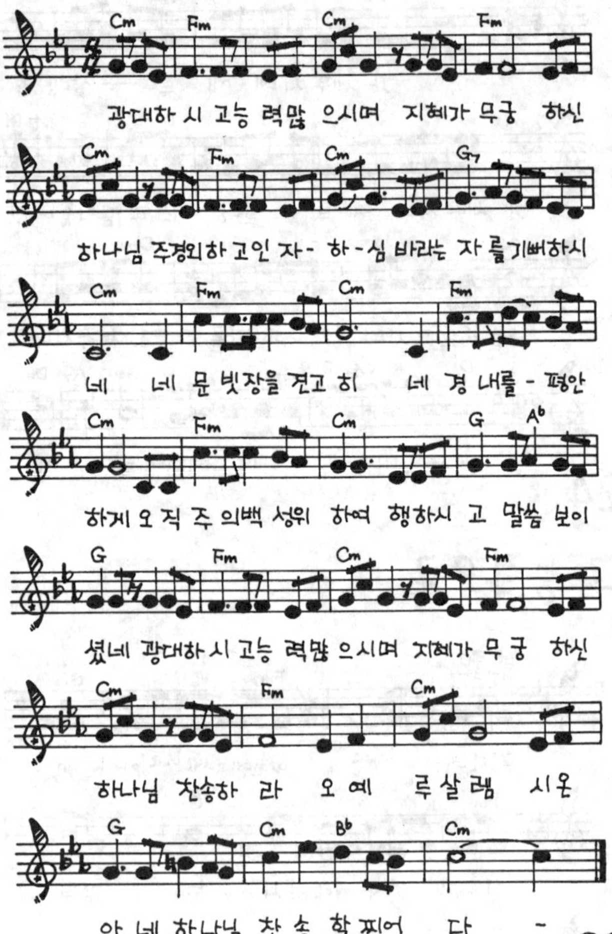
광대하시고 능력많으시며 지혜가 무궁 하신
하나님 주경외하고인 자- 하-심 바라는 자를기뻐하시
네 네 문 빗장을 견고 히 네 경 내를- 평안
하게 오 직 주 의백 성위 하여 행하시 고 말씀 보이
셨네 광대하시고능 력많 으시며 지혜가 무 궁 하신
하나님 찬송하 라 오 예 루살렘 시온
아 네 하나님 찬 송 할찌어 다 -

226
하늘 영광 떠나서

Graham Kendrick
두란노 번역

Worshipfully

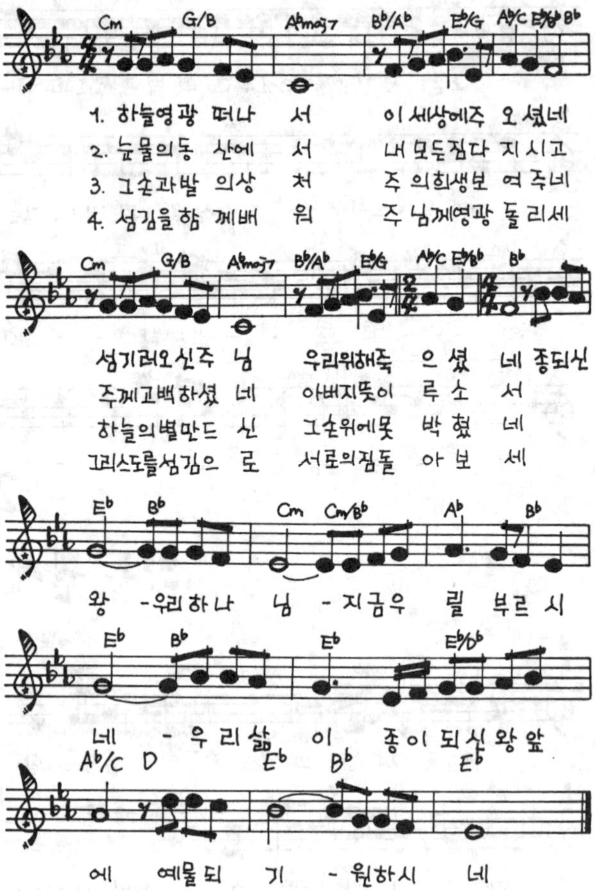
1. 하늘영광 떠나 서 이 세상에주 오셨네
2. 눈물의동 산에 서 내 모든짐다 지시고
3. 그손과발 의상 처 주 의희생보 여주네
4. 섬김을함 께배 워 주 님께영광 돌리세
섬기러오신주 님 우리위해죽 으 셨 네 종되신
주께고백하셨 네 아버지뜻이 루 소 서
하늘의별만드 신 그손위에못 박 혔 네
그리스도를섬김으 로 서로의짐돌 아 보 세
왕 -우리하나 님 -지금우 릴 부르 시
네 - 우리삶 이 종이 되신 왕 앞
에 예물되 기 -원하시 네

227
중심을 살피시는 하나님

Maldwyn Pope
두란노 번역

1. 중 심을 살 피시는 하 나 님
2. 피 난처 되신 나의 하 나 님
원 수를 잠잠하게 하시 고 의 인을
원 수로 부터날구 하소 서 내 방패
보 호- 하시 는 의- 로운 하 나 님
되 신- 하나 님 오- 나- 의 주 님

지 존 하신 주 그이 름 찬- 양 지
존 하신 주 그 이 름 찬- 양 구- 원 의주
께 감 사 하 세 의- 로운 하나 님 -

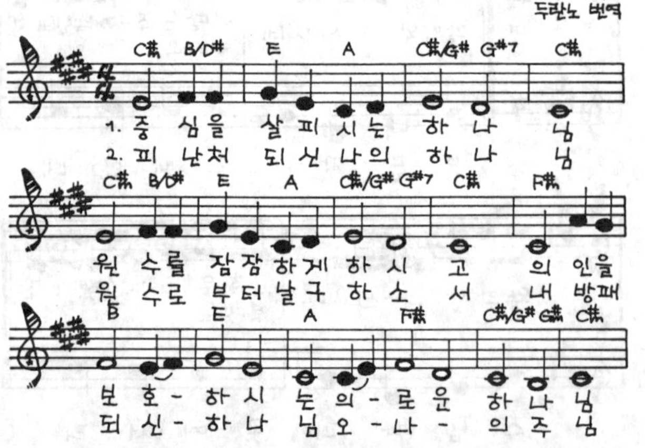

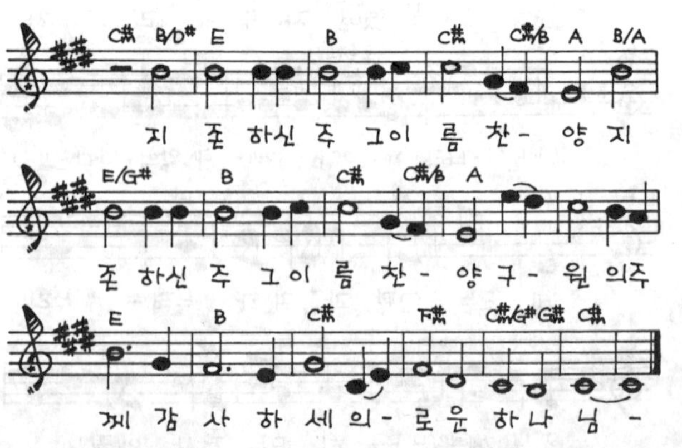

228

새노래로 주를 찬양

Author Unknown
예수전도단 번역

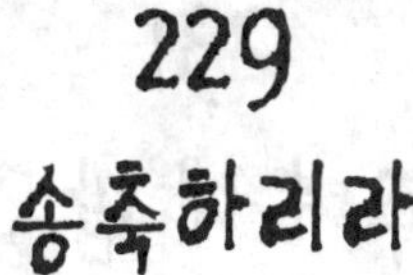

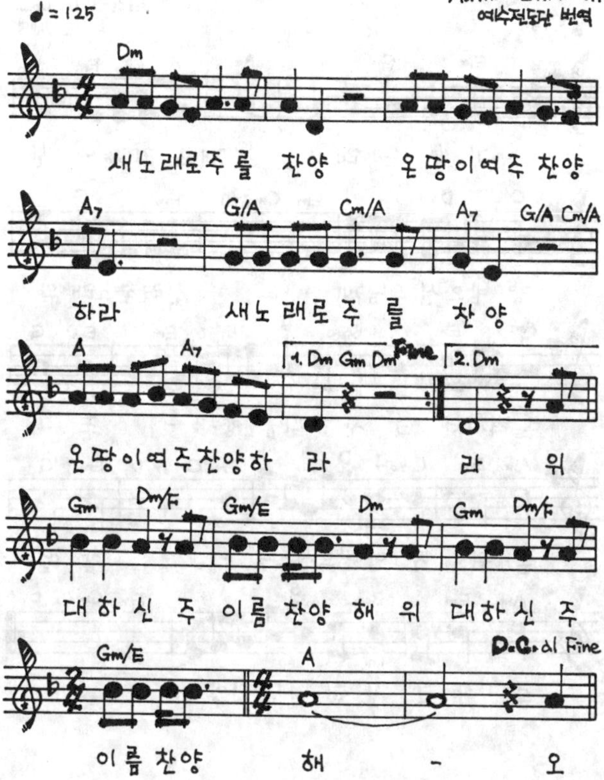

229

송축하리라

Gary Oliver
예수전도단 번역

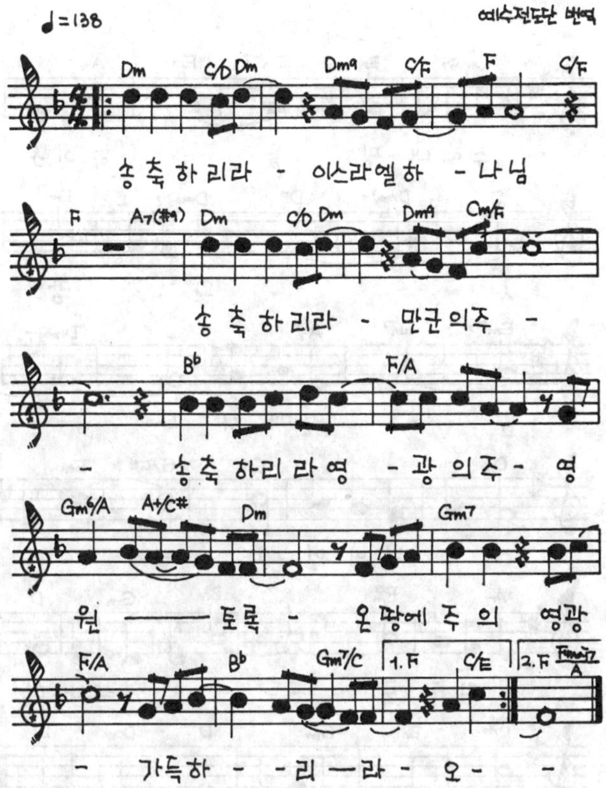

230

주를 찬양하는 마음 주셨네

'Hebrew' style, getting faster

Graham Kendrick
드라노 번역

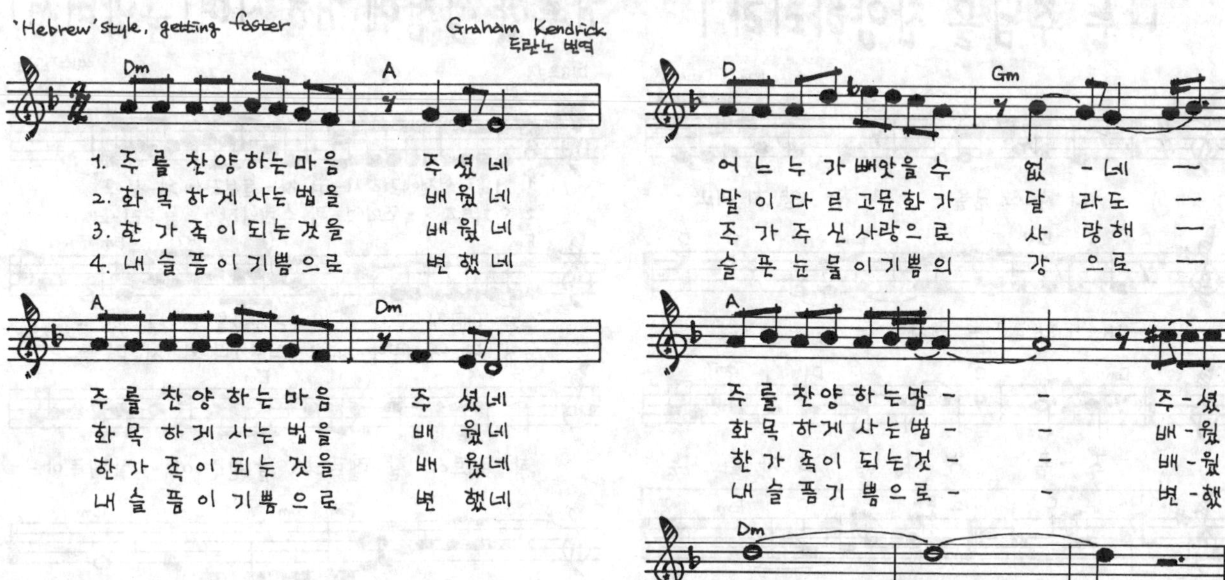

231
주여 내 맘을

232
기쁜 노래 주께 드리자

Russell L. Lowe
두란노 편역

233
나는 주님을 찬양하리라 I

Linda Duvall
두란노 편역

234
거룩한 성전에 거하시며 (국악버전)

민요풍으로

여수전도단
손해석

235
고난의 길

236
여호와 이레

237
정결

시 51 : 10~15
♩=77.

고형원 곡

238
주의 영광 위해

Phil Lawson Johnston
& Chris Bowater
두란노 번역

With Strength

239
즐거이 외치며 앞으로 나가세

Spirited

Stuart Dauerman
두란노 번역

1. 즐거이 외치며 — 앞으로 나 가세
2. 기쁨과 평 화를 — 외치며 나 가세

— 저기 높은 산과 언덕 무너지
— 주님 앞에 모든 원수 무서워

리 라기뻐 외 치세 — 나무도 새 들
떨며도 망 하 리라 —우리모 두 함

도 손 뼉 치 며 찬 양 해
께 외 치 며 찬 양 해

숲 속의 모 든 새 들 손 뼉쳐
우 리왕 되 신 주 를 찬 양 해

— 찬 양 하며 주 께 외 치네
— 믿 눈 자 모 두 나 와서

— 저 나 무 들 함 께 찬 양 해
— 세 상 향 해 힘 껏 외 치세

— 즐 거 이 외 치 세
— 즐 거 이 외 치 세

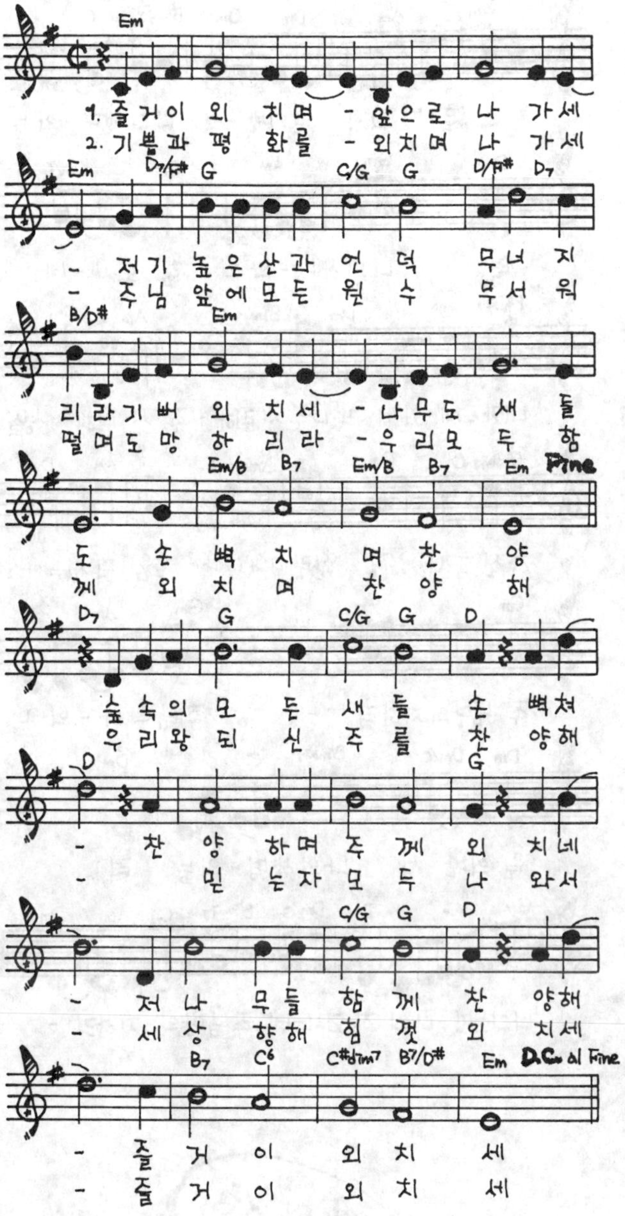

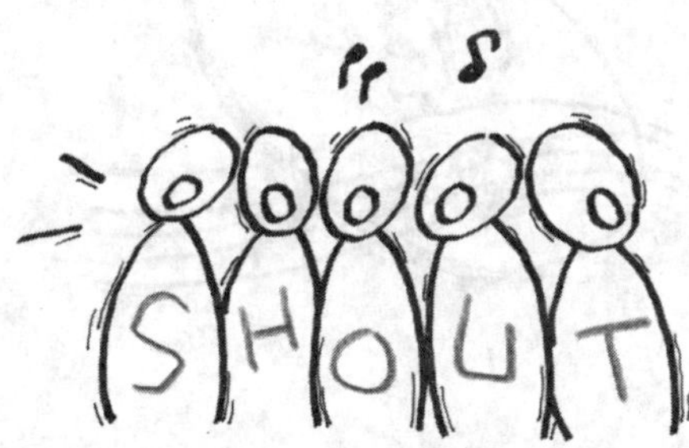

240
주께 경배하리

Daniel Gardner

주 께 경 배 하리 내 온 힘 다해 서로

주 를찬양하리 라 주께 경 배 하리 내

온 힘 다해 날마 다 주찬양하리 라 오

영 —광의 주 이름 모든 찬 양받으옵소

서 거 - 룩 하고 정 결한맘 -으로 주께

온 힘 다해경배하리 라 주께 라

241
진실한 내모습

1. 진 실한 내 모습 맘 속 에있 는 나
2. 진 정한 내 모습 하 나 님닮은 나

특 별한 내 모습 숨 길 필요 없 고
진 정한 내 모습 내 갈 길험 하 고

예뻐 지 지않아 도 하나 님 은진실 한
어려 운 일있어 도 하나 님 은진실 한

내 모습을 - 보신 답 니 다

242

엘 샤다이 (El-Shaddai)

John Thompson
/Michael Card
두란노 번역

243

주님은 나의 구원의 반석

244
입에는 하나님 찬양을

246
주 사모합니다

245
나의 생명 나의 주

247
알렐루야 아도나이

248
새벽 이슬같은

249
너의 푸른 가슴속에

250
여호와여 일어나소서 1

251
바룩하바(Baruch Haba)

Paul Wilber
두란노 번역

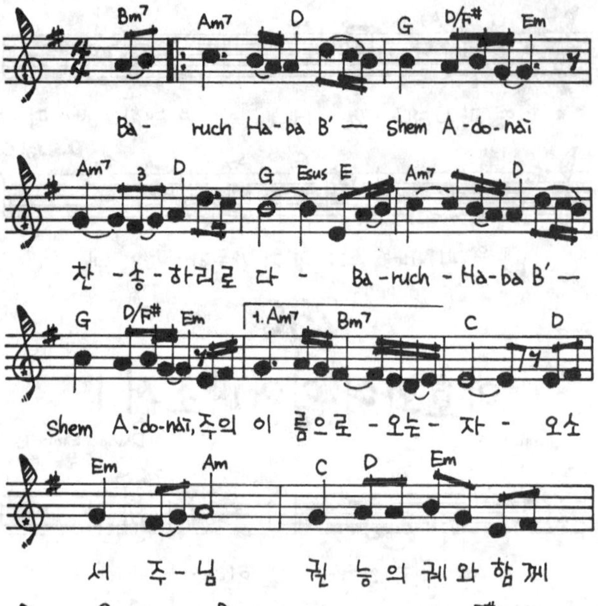

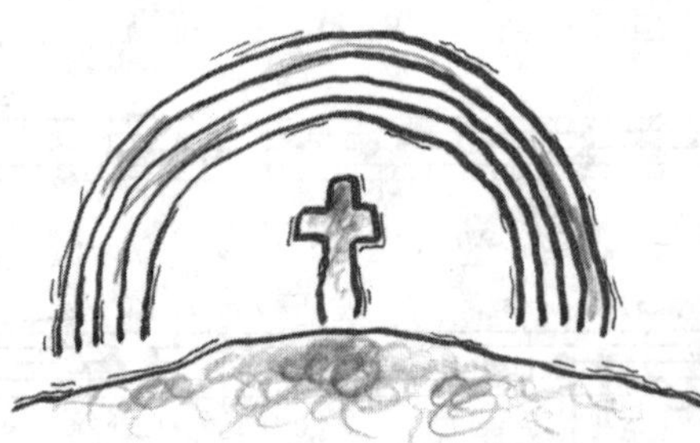

252
여호와여 일어나소서 II

David Morris
예수전도단 번역

253

목소리 합쳐

Robert Gay

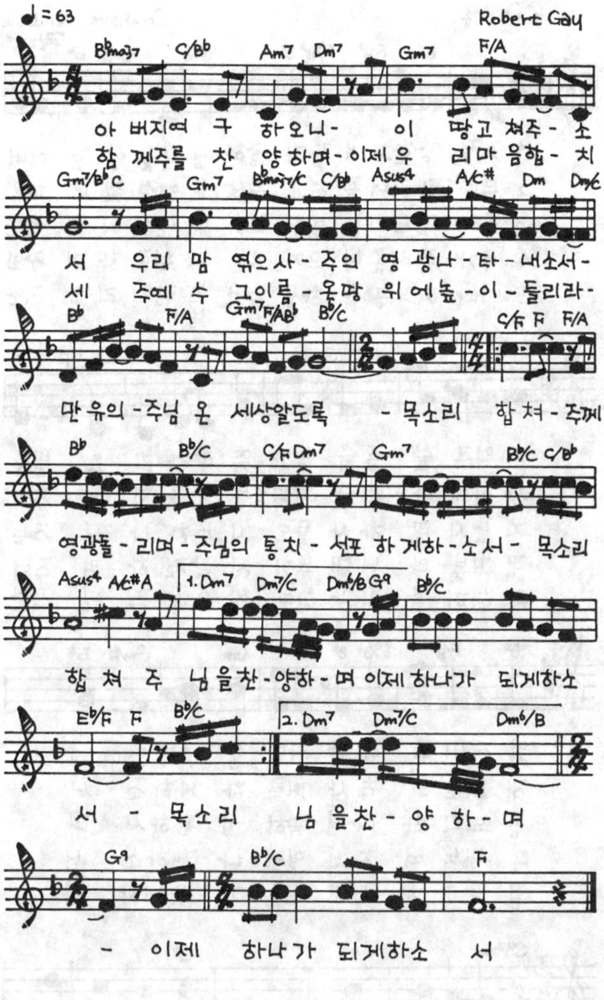
아 버지여 구 하오니- 이 땅고 쳐주- 소
함 께주를 찬 양하며-이제 우 리마 음합- 치
서 우리 맘 엮으사-주의 영 광나-타-내소서-
세 주예 수 그이름-온땅 위 에높-이-들리라-
만 유의-주님 온 세상알도록 -목소리 합 쳐-주께
영광돌-리며-주님의 통치- 선포 하게하-소서- 목소리
합 쳐 주 님을찬-양하-며 이제하나가 되게하소
서 - 목소리 님 을찬 - 양 하-며
- 이제 하나가 되게하소 서

254

내 맘의 기쁨

Jennifer Randolph
두란노 번역

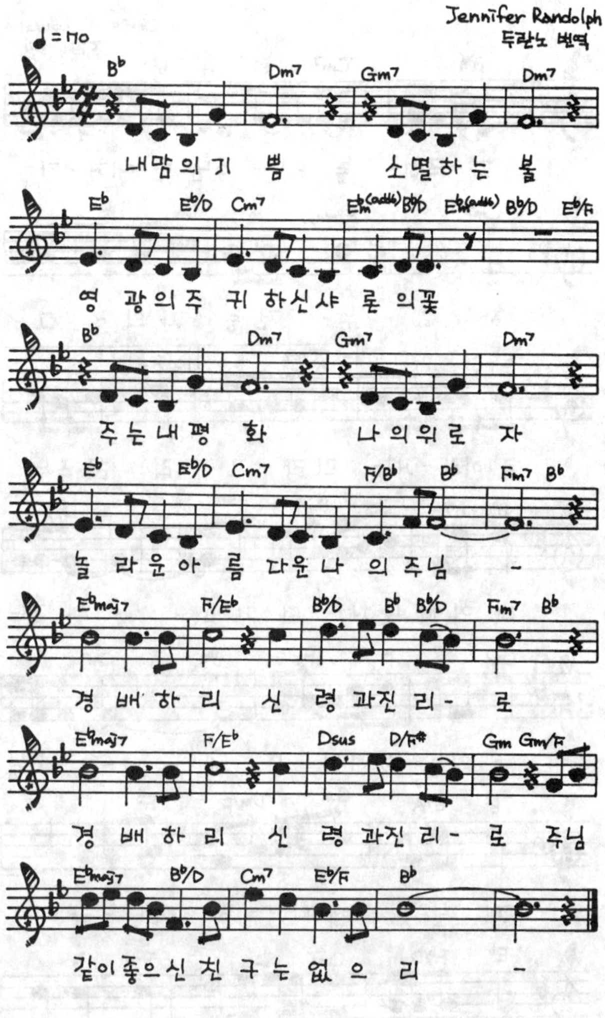
내맘의기 쁨 소멸하는 불
영 광의주 귀 하신샤 론 의꽃
주는내평 화 나의위로 자
놀 라운아 름 다운나 의주님 -
경 배 하리 신 령 과진리- 로
경 배 하리 신 령 과진리- 로 주님
같이좋으신 친 구는 없 으 리 -

255

나의 믿음 주께 있네

Shawn Craig
& Don Koch
두란노 번역

나의믿 음 주께-있 네 십자-가
우 리를- 승리케 하 시-니 나의
능력 이내영-광되-었 네 주께서
-능력- 나의 -소 망- 주 께있 네

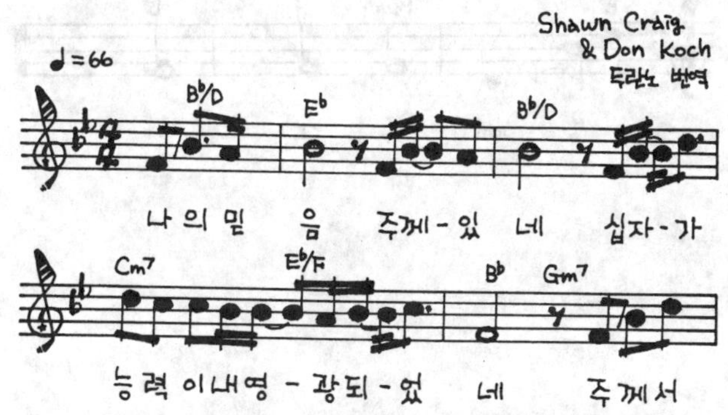

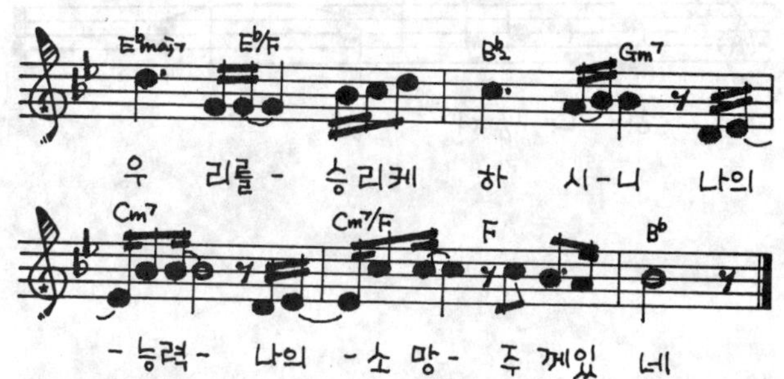

256
지극히 높으신 주님 안에

Chris A. Bowater
두란노 편역

257
거절당한 자녀들과

With feeling
Graham Kendrick
두란노 편역

258
기다리죠

259
거룩하신 내 아버지

260
찬양 찬양

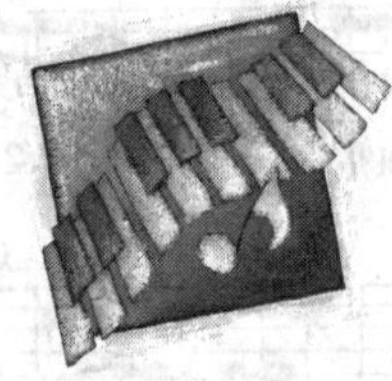

1. 찬양 받으시기 합당하신 주님

즐거워 찬양하라. 하나님 안에서 기운을 내라.
세상이 가장 심하게 으르렁거릴 때, 가장 좋은 시편들을 노래하라.

2. 천국의 경배

입으로 찬양하라. 온몸으로, 온맘으로 찬양하라.
모든 재능과 능력으로 찬양하라. 모든 창조적인 방법으로 찬양하라.

3. 찬양의 모범

오늘 찬양하라. 그 귀하신 얼굴과 그 찔리신 손과 열린 옆구리로 인해 찬양하라.
기쁨으로 천둥처럼 외치라.

4. 새로운 영혼을 위한 새 노래

영원에서 영원으로 찬양하라. 영혼의 깊은 밤에도 노래하라.
절망으로 희망이 사라질 때 찬양하라.
땅과 하늘과 공간과 시간이 감사를 연주하는 찬양의 줄이 되게 하라.

5. 에단의 노래

찬양하라. 아침해가 뜰 때, 이슬이 풀잎 속에서 반짝일 때,
아무런 찬양의 제목이 없을 때 노래하라.
이미 주신 모든 것으로, 그 인자하심의 계획으로 찬양하라.

6. 말할 수 없는 선물을 찬양하라. 

말할 수 없는 선물을 찬양하라.
하늘의 광채를 띠고 승리의 노래를 부르게 하심을 찬양하라.
천국의 창문이 활짝 열려 있음을 기뻐하라.
영원의 집으로 인도하심을 찬양하라.

▪축복과 평안▪

이것을 너희에게 이름은 너희로 내 안에서 평안을 누리게 하려함이라

세상에서는 너희가 환난을 당하나 담대하라 내가 세상을 이기었노라 하시니라

(요한복음 16 : 33)

261
우리이제
Andante (♩=64)
정래욱 사·곡
너무 - 바쁜사람들 -
아무런표 -정없 - 는
얼굴들 -
서로가 -
의미없는듯 -
우리에 -계상관없 -던 사 -람들 -
우린 -빛을지고있
- 어
지울수없 -는사랑 의 빛을 -
- 그냥 버려두 -기 엔 우리가슴은 - -
아직 -따뜻 -해
요
주위를둘 -러보 -아 요 많은 사람들 -
무얼 하고있 -나 요
- 상 처 -에 -외로움에 -
길들여 -져 외 면하 -고있 -는 걸 -
우리이제
- 더이상 -가난 하지만 -은않 -아
따스한 -체온 들이
- 있으니우리의 - - -두 손을펴 -고서
서로를안 -아 요
혼자선살 -수없어요 -
혼자선살수없 - -어요

262
평안함으로
박명섭 사·곡
주가 베 푸신풍성한 은혜 -내 - 안 에 있음 - 을
아네 나의모 든 허물덮으 신 사랑열마 나 고귀한사랑인
지 - 시련 과 아 픔에서 구 하시고 -
내맘
에 평안허락하 -신 주
처음 느껴본 - 마음
의 평안함 - 주님 나와함께하신다하 - 네 -
함 께 찬 -양 -하 세
평 안함 으로 -날
다스 리신 주의사 -랑 함 께 기 -뻐 -하 세
귀한사랑으 - 로 위로 하신 -주님 을

263
주의 축복으로

Phil Rogers
두란노 번역

With feeling

264
함께 걸어요

최인혁 사·곡

265
주님이 계신곳

266
피난처 되신 주

267
말없이 사랑하여라

268
당신은 사랑받기 위해 태어난 사람
예수전도단 이민섭

269
사랑해요
강원명 시·곡

당신 은 - 사랑받기위 - 해 태어난 사람 - 당신
의 삶속에서 - 그사랑 받고있지요 - 당신 받고있 - 지요
태초부터 - 시작된 하나님 - 의 사랑은 - 우리
의 만남 - 을통해 열매를맺고 - 당신이이 세상 - 에존
재함으로인 - 해 - 우리 에게열마나 - 큰 기 쁨이되는지 -
당신은사랑받 - 기위해 태어난사람 -
지금도그사랑 - 받고있지요 - 받고있지요 -

세 상에 수없이 많은 사람들그 중에 이 - 렇게아
름 다운 사람 하나님우리에 - 게 - 선물로주 - 셨 죠
힘들고어 려 운 세상 - 혼자서살아갈수 없 어요 - 하
나 님의 사랑으 로 서로를사랑 해 요
자 이제 우 리는 - 하나님안에 형 제요 -
서 로 손 잡고 주님의사 랑 나 눠요
당신을사랑 해 - 요 우리 의 마음을 모 아서
당신을사랑 해 - 요 - 주의사랑으 로

평안을 너희에게 끼치노니 곧 나의 평안을 너희에게 주노라
내가 너희에게 주는 것은 세상이 주는 것
같지 아니하니라. 너희는 마음에 근심도 말고 두려워
하지도 말라
(요 14 : 27)

270
날마다 숨쉬는 순간마다

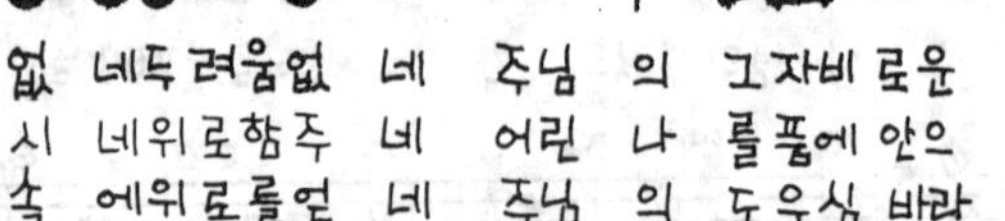

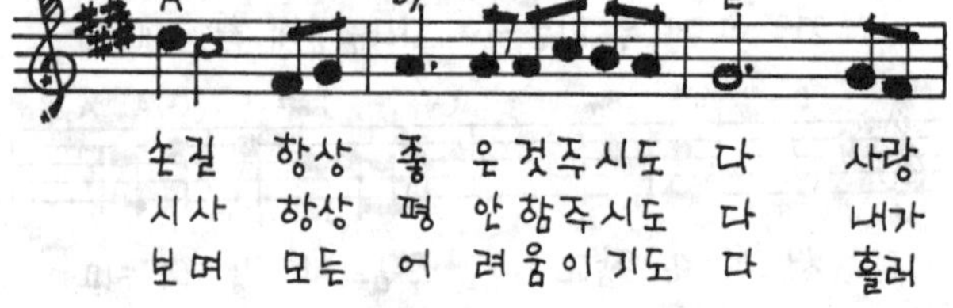

271
주 나의 목자

272
위로송

오세광 사·곡

273
당신은

이은미 사·곡

274
FRIENDS

Michael W.
& Deborah D. Smith

275
축복해요

276
오늘처럼 기쁜날

277
교제송

278

이 시간 모두

Don Harris
& Martin J. Nystrom
예수전도단 번역

280

혼자라 느낄 때

김만진 사·곡

279

아름다운 사람

김수지 사·곡

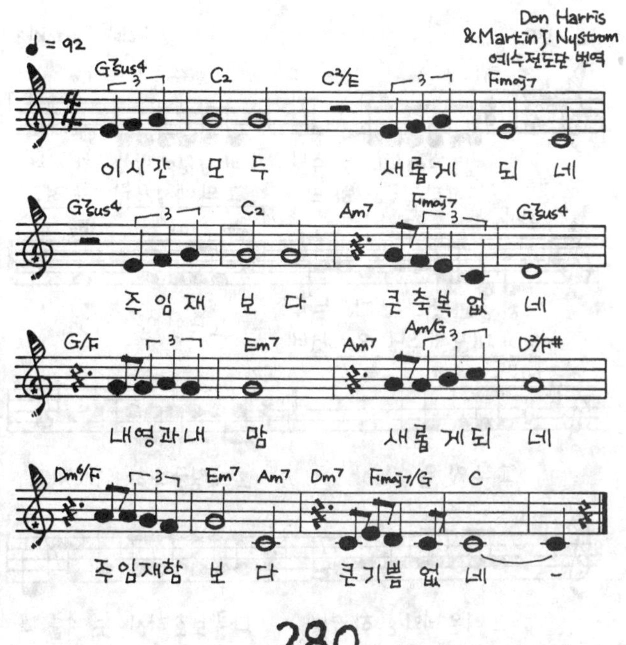

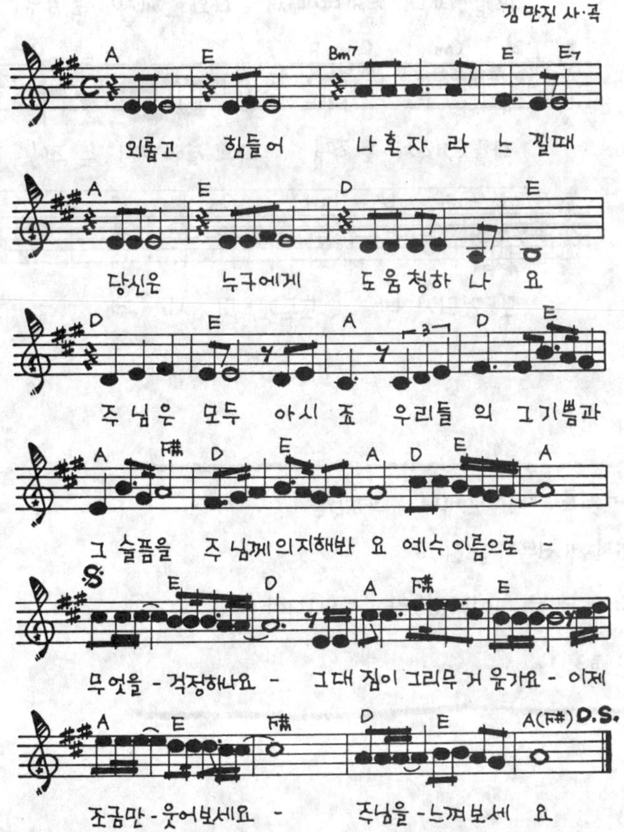

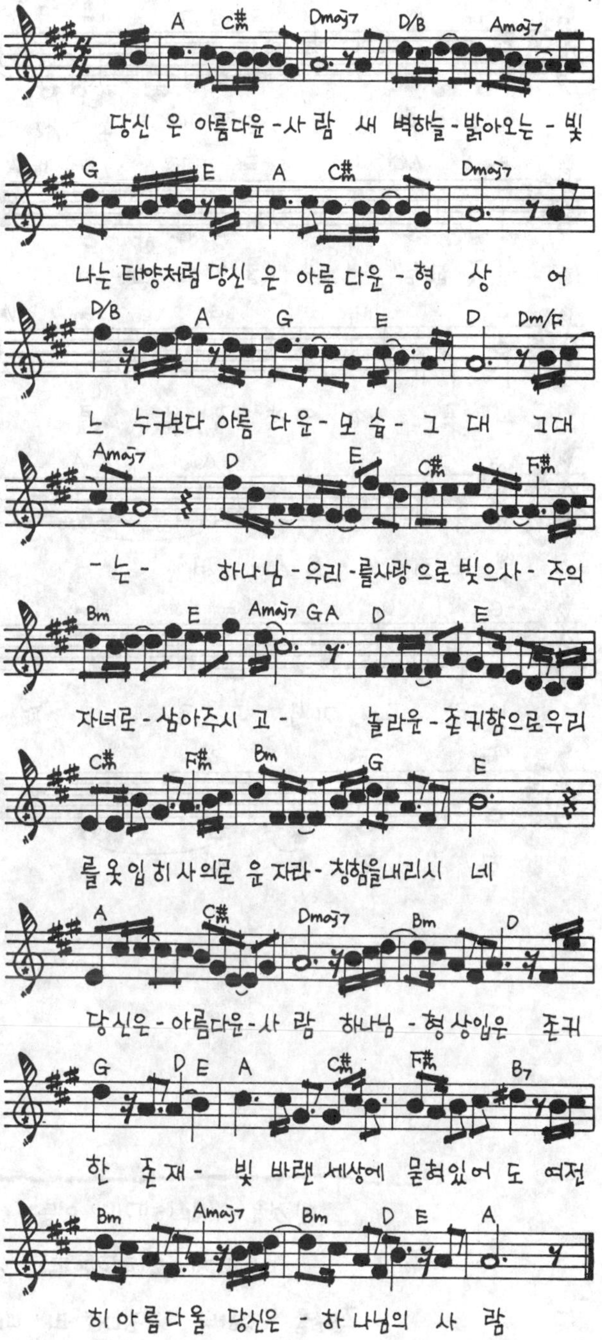

281
나의 마음을 잠잠케 하소서

282
별빛속에 빛나는 주님

이것을 너희에게 이름은 너희로 내 안에서 평안을
누리게 하려함이라 세상에서는 너희가
환난을 당하나 담대하라 내가 세상을 이기었노라 하시니라
(요 16 : 33)

■ 특별찬양 ■

내 아들 솔로몬아 너는 네 아비의 하나님을 알고

온전한 마음과 기쁜 뜻으로 섬길지어다

여호와께서는 뭇 마음을 감찰하사 모든 사상을 아시나니

네가 저를 찾으면 만날 것이요 버리면 저가 너를 영원히 버리시리라

(역대상 28 : 9)

283
모든 백성 나라들아

차용운 사·곡

284
New Start

285

참사랑

강원명 시·곡

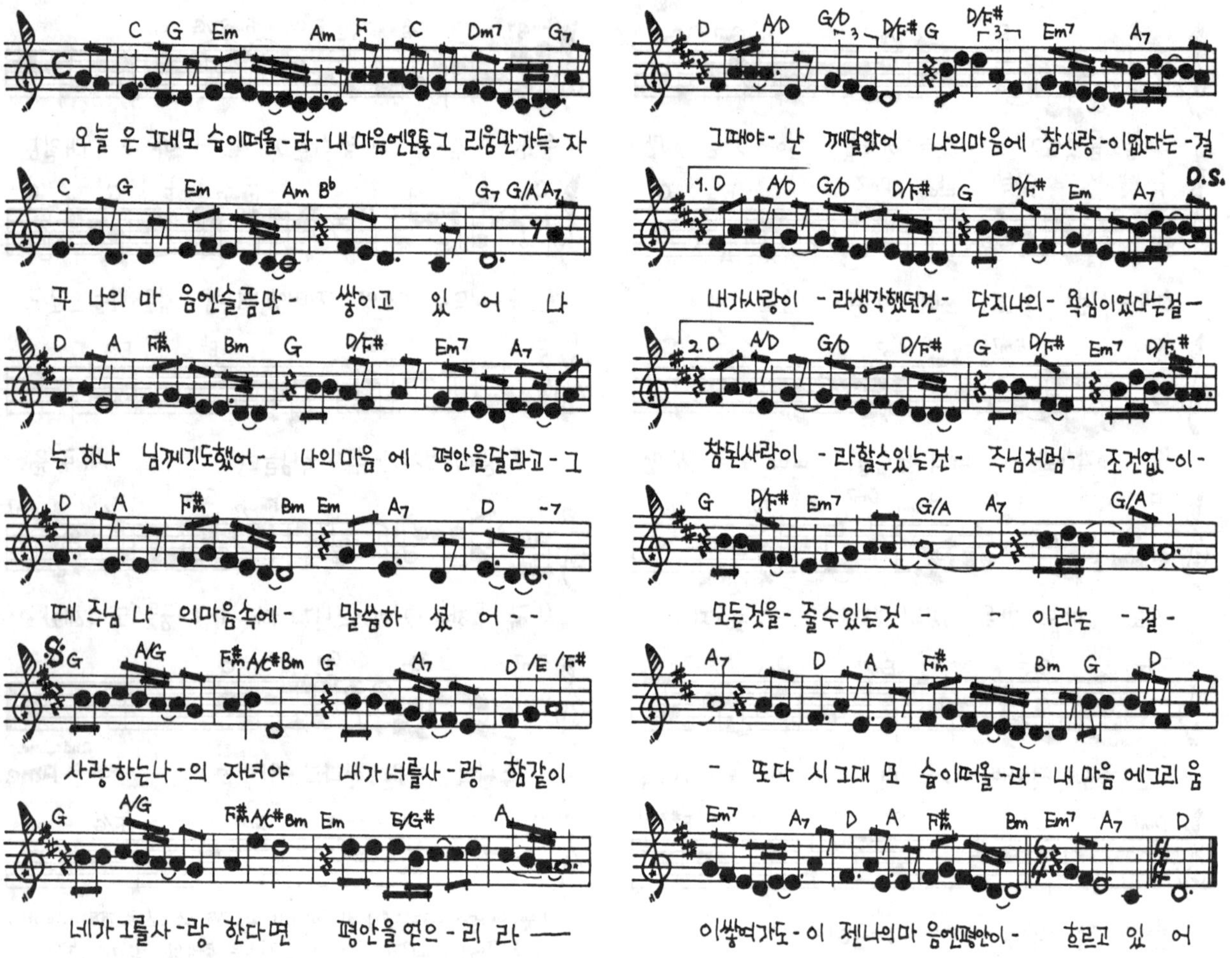
오늘 은 그대모 습이떠올-라-내 마음엔온통그 리움만가득-자
꾸 나의 마 음엔슬픔만- 쌓이고 있 어 나
는 하나 님께기도했어- 나의마음 에 평안을달라고-그
때 주님 나 의마음속에- 말씀하 셨 어--
사랑하는나-의 자녀야 내가너를사-랑 함같이
네가그를사-랑 한다면 평안을 얻으-리 라
그때야-난 깨달았어 나의마음에 참사랑-이없다는-걸
내가사랑이-라생각했던건- 단지나의-욕심이었다는걸-
참된사랑이-라할수있는건- 주님처럼- 조건없-이-
모든것을-줄수있는것 - - 이라는 -걸-
- 또다 시그대 모 습이떠올-라-내 마음 에그리움
이쌓여가도-이 젠나의마 음엔평안이- 흐르고 있 어
D.S.

Rejoice!

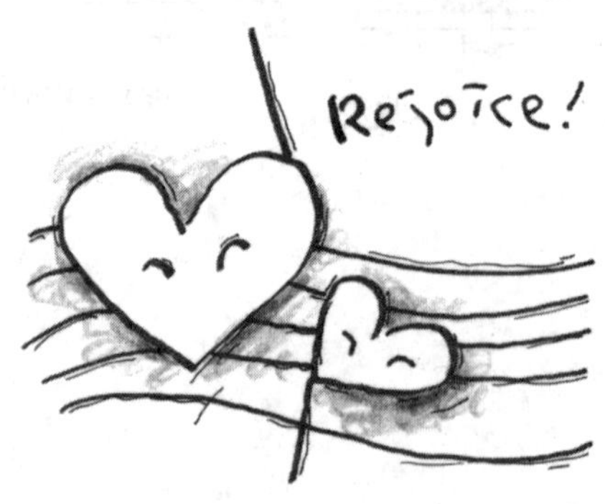

286
할머님의 기도

박갑수 사·곡
1. 어 릴 적 - 할 머 님 의 기도 - 나
2. 어 릴 적 - 할 머 님 의 기도 -
눈 잊 을 수 없 네
눈 기 억 하 - 네
지 금 - 도 내 귀 - 에 들 리 - 는 듯 하네
네
평생을 이어오 신 그 믿음 - 언제나 - 변치 않고 -
아무뜻 모르던 그 모든것 - 조 금씩 - 알게 되고 -
- 우리위해 솔로몬과 - 같은지혜를 - 에스더와 - 같은 믿음을 -
오 직 한 분 주 님 을 - 사 랑 하 셨 지
오 귀 하 신 주 님 나 도섬 기 리
주님처럼 - 사랑받는아 - 이 되게하소서 - - 간 구 하시던
새벽이면 들려오던그 말씀 -
- 할 머 님 의 기 도 -
D.C
여호와는나의목자시니 내가부족함이없으리로다
내 눈속에 - 내귓속에 - 내 맘속에 - 남 - 아있 - 네내 맘속에 - 내귓속에 - 우 우
F.O.
저녁이면늘 부르시던 - 찬 송
날 사랑하심 성 경 에 써 있

287
내 영혼아 주 송축하라

288
승리

서성환 사
강명식 곡
♩ = 80
승 리 가 무 엇 인줄 아 는 가 승
눈 가 승 리 가 무 엇인줄 아 는가 오 처렬한 자기
리 가 무 엇인줄 아 는 가
더 좋고 편한 가능
와의싸 움을 허멸 게 잠재우 고 주님
성 의유 혹을 절 연 히 잘라버 리 고 오직
하고싶은말 그
만 내안 에 사시게 하는것 바로승리라 네
맘고맘 은말 모두 함겹 게 역누르 고 오직
주 님만 따 라 가는것 바로승리라 네
오직 주님만 따 라 가는것 오직
주께서만 말씀하게 하는 것 바로승리라 네
승
주께서 만 말씀하게 하는것 주님 만 내안에 사시게
결 과가 어떠해 도
하는것 바로승리라 네
주 님만 빛나 시 고 주님평 안 내 안에있 으면
그 것 이 바로 승리라 승 리 가 무 엇인줄 아

289
오 사랑의 목자 예수

290
My Song

291
자유

♩= 90.
명지은 사·곡
저 하늘 위에 구름은 - -어디로 둥 -실 떠가는지
금 씩조금 씩내 믿음 은 어 디로갔을 까 저
궁 -금해-궁 -금해-나 -도 구 름처럼-자유 롭고싶어
하늘 위에 구 름처 -럼 자 유로운 것도 좋 지 -만은
아름다운- 자 유 가 그리워 - 어
주 -님과-동행 하는 -시간이 자 -꾸만-사라 지 는것같아
느새 나는어 른이 - -되 버린 거야나 도 모르게
허 -전해-나 주 가필요해 -
하 는일도 -많아 졌어 -이 -제 나 에게도-책임감 이생긴거야
허 -전해-나 주 가필요해 -
어지러워- 나 정 신이없어 -
허 -전해-나 주가필요 해
복 잡 한이 세상 속에 나 발을 내딛는 순간 - 조

292
주님의 긍휼을 구할 때

Paul Oakley
두란노 번역

293
열방의 노래

땅의 모든 끝이 여호와를 기억하고 돌아오며 열방의 모든 족속이
주의 앞에 경배하리니 나라는 여호와의 것이요
여호와는 열방의 주재심이로다.

(시 22:27.28)

294
달팽이의 노래

이해인 사
강현석 곡

주여 주의 지으신 모든 열방이 와서 주의 앞에 경배하며
주의 이름에 영화를 돌리리이다.

(시 86:9)

295
멋진세상

♩ = 60
김현중 사·곡
사랑 하는 친구야 - 너의모습 속에 - 주의
사랑이 - 가득 하구나 - 서로가 - 사랑할 수있
- 는 - 세상 은 - 참아름답 - 겠 지
어느날 - 신문에서 - 본 - 세상은 너무나 - 초라 하게보 - 였
지 사랑을 - 잃어버린 그 들의모습속 - 에 너와
내가 - 함께뛰어보지않으련 - 우리모두 손 을 잡
고 아름답고멋진세 상 주의 사랑이 - 가
득 한 세상 그런 멋진 세상을 -
우리 모두 손을잡 고 아름답고멋진 세
상 주의사랑이 - 가 득 한 세상
그런 멋진세상을 - 주의 사랑이 - 가
득 한세상 주의사랑이 가득 한세상 그런 세상을 -
- 위 해 -
너와 내가 - 함께뛰어보지않으련 - 너와
내가 - 함께뛰어보지않으련 -

296
다윗의 노래

이제 내 머리가 나를 두른 내 원수 위에 들리리니 내가
그 장막에서 즐거운 제사를 드리겠고 노래하며 여호와를
찬송하리로다.

(시 27:6)

297
이제 다시

Allego
조효성 사·곡
이제다시주 - 님앞에 나와요 - 언제나변 - 함 없으
고 개들어 - 주님을봐요 - 주님사랑 - 느 - 껴요이제
신주님 - 우리들의연 - 약함을 아뢸때 -
손 을들고 - 노래불러요 - 다시 해 봐 요 이제
주님의전 - 능하심 보이네 - 이제다시주 - 의이름
고 개들어 - 주님을봐요 - 주 님사랑 - 느 - 껴요이제
불러요 - 그곳에참 - 된 기쁨 있어요 -
손 을들고 - 노래불러요 - 다시 해봐 요
우 리 들의부 - 족함을 아뢸때 - 주님의승 - 리하심
1. 이 제다시주 - 님앞에 나와요 - 언제나변 - 함 없으
2. 이 제다시주 - 의이름 불러요 - 그곳에참 - 된 기쁨
보이네 - 때 로눈실 - 패할수 있어요 -
신주님 - 우 리 들의연 - 약 함을
있어요 - 우 리들의부 - 족 함을
그 래도실 - 망마세 요 주님의크 - 고크신
아뢸때 - 주님의전 - 능하심 보이네 -
아뢸때 - 주 님의승 - 리하심 보이네 -
그 사랑 - 영원한 사 - 랑이예 요 이제

298
좁은 문으로

오택근 사·곡

좁은 문으로 들어가라 멸망으로 인도하는 문은 크고 그 길이

넓어 그리로 들어가는 자가 많고

(마 7 : 13)

299

주님 곁에 있기 원해요

Don Moen
기쁨찬양선교단 역

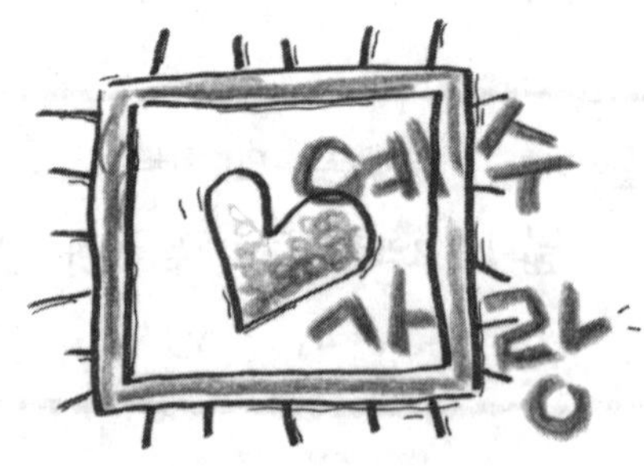

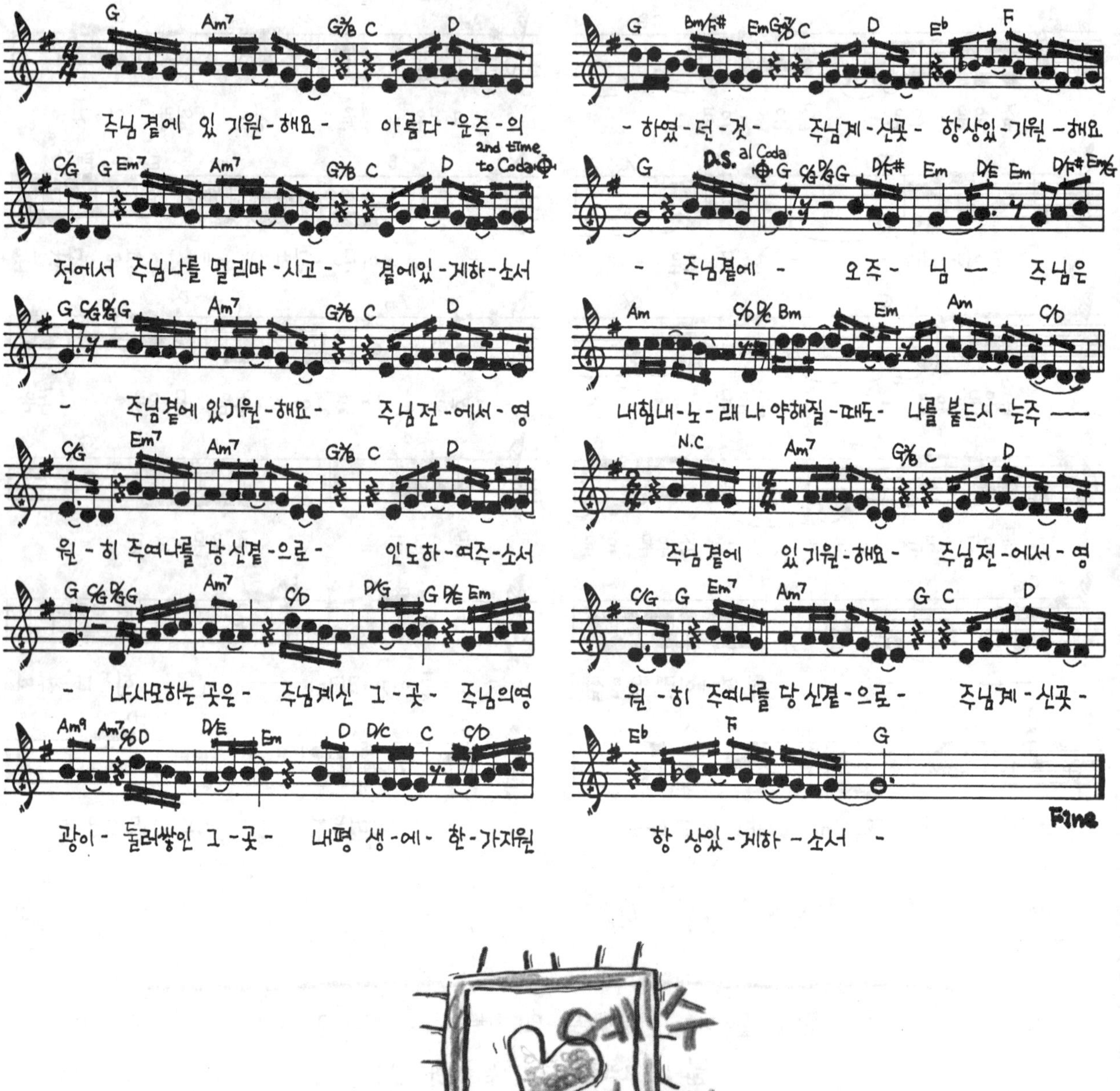
주님곁에 있 기원-해요- 아름다-운주-의
-하였-던-것- 주님계-신곳- 항상있-기원-해요
2nd time to Coda
전에서 주님나를 멀리마-시고- 곁에있-게하-소서
D.S. al Coda
- 주님곁에 - 오 주- 님 — 주님은
- 주님곁에 있기원-해요- 주님전-에서-영
내힘내-노-래 나 약해질-때도- 나를 붙드시-는주 —
원-히 주여나를 당신곁-으로- 인도하-여주-소서
N.C
주님곁에 있기원-해요- 주님전-에서-영
- 나사모하는 곳은- 주님계신 그-곳- 주님의영
원-히 주여나를 당신곁-으로- 주님계-신곳-
광이- 둘러쌓인 그-곳- 내평 생-에- 한-가지원
항 상있-게하 -소서 -
Fine

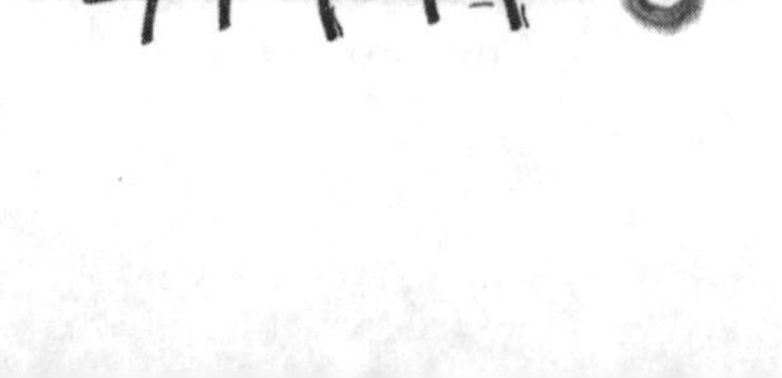
예수 사랑

300
내 안의 주님

영접하는 자 곧 그 이름을 믿는 자들에게는 하나님의
자녀가 되는 권세를 주셨으니

(요 1:12)

301
소풍

Allegro (♩=133)
정래욱 사·곡
꿈을 꿨 지 푸른 새 들의 노래
소 리 내귓 가 에 들려왔 었지
맑 은 햇살 따뜻한 봄 날
아름 다운 기 억이 없 어
소풍 을 나와 들판 을 걷는 아이 처
럼 내마음 은 부풀어 오고
빠알 간 노 을 지는 저녁 까
지 뛰노 는 아름 다 운 꿈을
꿨 어 언 젠가 소 풍끝 내 고 집에
돌 아가는 날 주 님 날맞아 주 시 리
아 름다운 세상소 풍 다녀 왔 어
요 주님 께 자랑 할 거야
소풍 자랑 할 거야

302
하나

김죽 사
오태균 곡
손끝만으 - 로도 - 사랑을 - 전할수있 - 죠 -
눈을감고 - 서 - 아무말 - 하지않아 - 도 -
우린 서로를 - - 느 - 낄수 - 있 죠 - - 그사랑으로
- - 음 - - - 자 손을 펴 봐요 - 그리고
- 손을잡아 - 요 - 고개를 돌 - 려 - 서로를
- 바라보아 - 요 - 찬양하는 모 습속 - 에 주
를 만날 - 수있 - 죠 - 기도 하 는우 - 리소 - 원 - 이
려 지죠 - 주안에 우 린형 - 제
우 린자 - 매니 - 우리는 모두 가하 - 나죠 -
주님의 미소지 - 심 기 뻐하 - 심이 - 우리
찬 양속 - 에 가득 해요 - 함께
소 리높 - 여 찬양해 - 요 우 리주 - 님께 - 우리의
잡 은두 - 손 주님의손 - 끝에 - - - 닿아 - 주안에
서 우리 - 는 하 나틀이 - 루죠 -

하나님은 예배하는 자를 찾으신다

영적인 예배 사역을 위한 지침서!

하나님은 예배의 형식에는 관심이 없으시고 다만 전심으로 자신을 향하고, 자신의 인도함에 열려 있으며 자신의 음성에 민감하게 귀기울이는 자를 찾으시며 자신과 아버지의 관계를 발전시키시는 아들을 찾고 계신다. 본서는 예배 인도자와 하나님을 예배하기 위한 모든 사람들에게 효과적인 지침서가 될 것이다.

크리스 보와터 지음/값 6,000원

이것이 예배다

예배에 대한 패러다임을 말한다!

21세기 예배 교과서로 하나님에 대한 갈망으로 목말라하는 이들에게, 시대에 뒤떨어지는 문화를 어떻게 재구상할 것인가 고민하는 경배 사역자, 리더들에게 어떻게 하면 문화적으로 적절하며 진실된 경배로 이끌어 갈 것인가에 관한 모든 것을 말하고 있다.

샐리 모갠쌜러 지음/값 13,000원

하나님을 갈망하는 예배사역

감격과 기쁨이 있는 예배를 말한다!

금세기 최고의 예배 사역자인 저자는 본서에서 예배의 본질과 예배가 삶이 되어야 하는 이유, 하나님이 찾으시는 예배, 예배 인도의 방법과 예배 인도자의 자세 등을 다루고 있다. 우리의 예배가 단순히 과거의 제한적인 상태나 현재 교회의 새로운 유행에 반응하지 않도록 도와줄 것이다.

그래함 켄드릭 지음/값 6,500원

온전한 찬양

하나님을 향한 사랑은 표현되어야 한다!

설교의 황제 스펄전은 주님의 백성으로 마땅히 해야 할 바는 찬양이며, 그 찬양은 온전하게 드려져야 한다고 말한다. 우리의 찬양이 제 흥에 겨워 불려지는 노래가 아닌 하나님과 주고받는 음악이 되기 위해서는 찬양의 대상과 의미와 능력을 잊어서는 안 된다고 저자는 강력하게 말한다.

찰스 H. 스펄전 지음/값 5,000원

1. 영적인 열정을 회복하라　고든 맥도날드 지음/박가영 옮김/값 7,500원

"영적 부흥은 세계를 움직인다" 이 시대는 영적인 부흥이 절실한 때이다. 하나님을 향한 열정의 감격을 되살리고 이 땅에 부흥의 역사를 세워 나가는데 본서는 튼튼한 기초를 제공할 것이다.

2. 좋은 아빠가 되기　고든 맥도날드 지음/정규운, 김원영 옮김/값 8,500원

"좋은 아빠는 가르치지 않는다" 가정과의 조화됨이 없는 목회와 사역은 더 이상 존립의 근거가 될 수 없다. 본서는 가정에서 영향력 있는 리더로서의 아버지가 되고 그것을 위한 6가지 원칙을 제시하고 있다.

3. 영혼이 성장하는 리더　고든 맥도날드 지음/박가영 옮김/값 4,500원

"머리만 큰 리더는 가라!" 리더의 성장은 사역이 늘어나는 것이 아니라 영혼의 성장에 달려 있다. 본서는 영혼의 질에 비견할 만큼 능력 있고 잠재적인 아름다움을 지닌 것은 아무것도 없다.

4. 현실세계, 믿음, 진정한 그리스도인　고든 맥도날드 지음/박가영 옮김/값 9,800원

"내면 세계의 믿음을 현실 세계로!" 내면에만 있는 믿음으로는 현실 세계를 변화시킬 수 없다. 참된 부흥과 신실한 제자 그리고 진정한 그리스도인의 삶은 언제나 세상의 중심에 있어야 한다.

5. 무너진 세계를 재건하라　고든 맥도날드 지음/박가영 옮김/값 8,400원

"빛으로 어두움을 몰아내자!" 절망과 좌절로 인해 넘어진 현대인들에게 성경은 그 누구도 예외가 없는 소중한 회복과 소생을 약속한다. 본서는 이러한 성경이 주는 소망과 심령 회복의 방법을 통찰력 있게 제시하고 있다.

고든 맥도날드(Gordon MacDonald)

40여 년이 넘게 워싱턴에 있는 트리니티 포럼의 대표로, 탁월한 저자로, 그리고 명성 있는 강연자로 사역했다. 현재 그는 20년 가까이 매사추세츠주 렉싱턴에 있는 그레이스교회를 담임하고 있는 목사로서 백악관 조찬회에 정기적으로 초청받아서 클린턴 대통령의 영성 회복을 도왔으며, 조금 더 최근에 고든 맥도날드는 은퇴 이후의 사역을 준비하고 있다. 그는 콜로라도대학교와 덴버신학교를 나왔으며, 미국 기독학생회(IVF)회장을 역임했다. 밀리언셀러의 저자로 「무너진 세계를 재건하라」, 「영적인 열정을 회복하라」, 「내면세계의 질서와 영적성장」 등 많은 베스트 셀러의 책들을 썼으며, 그리고 그 책들은 세계 여러 나라의 언어들로 번역되어 보급되었다. 강연과 활동을 같이하는 아내 게일 맥도날드와 뉴햄프셔에서 살고 있으며, 그리고 자녀들과 5명의 손자들이 함께 열정적인 삶을 살고 있다.

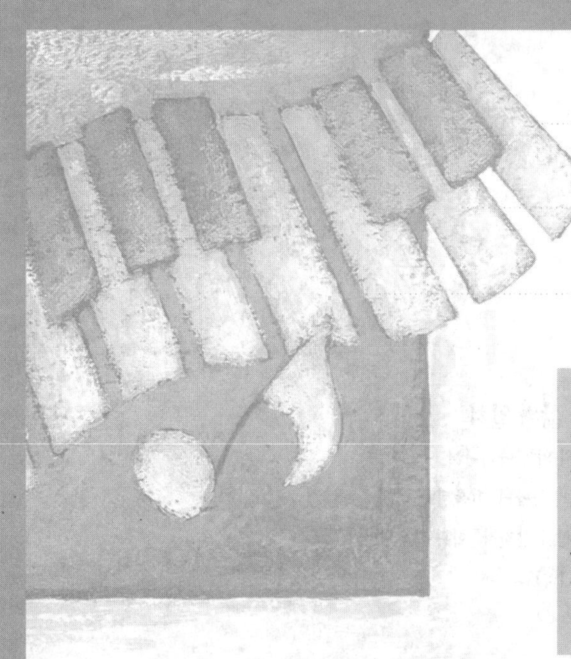

찬양과 예배! 예배는 곧 삶!
나의 하나님을 찬양하라!

이 책의 특징

Chapter 1 : 새노래
새노래를 따로 분류함으로써 배움과 나눔에 있어서 효율성을 기했습니다.

Chapter 2 : BEST SONG
많이 드려질 수 있는 찬양을 따로 분류했습니다.

Chapter 3 : 경배와 찬양
구분은 **경배와 찬양, 간구, 감사, 기쁨, 헌신과 위탁, 구원, 선포와 명령, 선교와 전도, 치유와 회복, 영적 전쟁과 승리** 등으로 되어 있습니다.

Chapter 4 : 축복과 평안
교제와 축복, 그리고 평안과 화합을 위한 찬양들을 따로 분류했습니다.

Chapter 5 : 특별찬양
특송과 발표를 위한 곡들을 선정하여 분류했습니다.

"예배는 곧 삶"이 되어야 하는 까닭에 참된 예배자로서 하나님을 찬양해야 하며 황폐화된 이 땅을 하나님 나라로의 회복과 주님의 주권 회복을 위해 21C 새로운 천년에도 계속적으로 하나님을 찬양해야 한다. **Praise**는 청년과 청소년들을 위해 그들에게 맞는 곡들을 엄선하여 모은 찬양곡집이다.

프레이즈 1/편집부 엮음/46배판/값 4,000원
프레이즈 2/편집부 엮음/46배판/값 4,000원
프레이즈 3/편집부 엮음/46배판/값 4,000원
프레이즈 합본집/편집부 엮음/46배판/값 7,000원

프레이즈 VOL. 4

2001년
12월 발행

프 레 이 즈 VOL. 3

편자 : 편 집 부 / 악보정사 : 박 아 영

발행처 : 비전북출판사

전화 : (02)3141-9090 / 팩스 : (02)3144-6620

공급처 : 비전북

전화 : (031)907-3927 / 팩스 : (080)403-1004

값 4,000원